Hannes Leitlein, Stephanie Schwenkenbecher (Hg.)

Generation Y

Hannes Leitlein, Stephanie Schwenkenbecher (Hg.)

Generation Y

Wie wir glauben, lieben, hoffen

neukirchener verlag

MIX
Papier aus verantwortungsvollen Quellen
FSC® C014138

Bibliografische Information der Deutschen Bibliothek:
Die Deutsche Bibliothek verzeichnet diese Publikation in der Deutschen Nationalbibliografie; detaillierte bibliografische Daten sind im Internet über http://dnb.ddn.de abrufbar.

Umschlaggestaltung: Grafikbüro Sonnhüter, www.sonnhueter.com, unter Verwendung eines Bildes von ©rawpixel.6m (shutterstock.com)
Lektorat: Anja Schäfer, Hamburg
Layout und Satz: Magdalene Krumbeck, Wuppertal
Verwendete Schriften: Scala, Akko Pro
Gesamtherstellung: Finidr, s.r.o.
Printed in Czech Republic
ISBN 978-3-7615-6268-0 (Print)
ISBN 978-3-7615-6269-7 (E-Book)

www.neukirchener-verlage.de

Inhalt

Geleitwort

„Lass mich dich lernen"

Unsere Gesellschaft befindet sich in einem rasanten Wandel, was auch für Christinnen und Christen und Kirchen enorme Herausforderungen mit sich bringt, die alle Lebens- und Glaubensbereiche betreffen. Globalisierung, Pluralisierung und Digitalisierung sind nur Beispiele dieser großen Veränderungen, in denen wir uns gerade befinden. Der Wissenschaftstheoretiker Thomas Kuhn hat dies mit dem Begriff „Paradigmenwechsel" sehr plausibel beschrieben. Demnach ist ein Paradigmenwechsel wie ein großer Wirbelsturm, der über die Erde stürmt und maßgeblich und nachhaltig das Denken, Leben und Verstehen von uns Menschen verändert. Als Beispiele nannte Kuhn die Kopernikanische Wende vom geozentrischen hin zum heliozentrischen Weltbild und den Beginn der Industrialisierung mit der Erfindung der Maschinen, die das gesamte Arbeitsleben revolutioniert hat. Aber nicht nur das: Es begann die Verstädterung; Familienstrukturen veränderten sich, die ganz neue gesellschaftliche Schicht der Arbeiter entstand und eine neue Armut machte sich breit, die im Kontext der Kirche mit dem Aufkommen der „Inneren Mission", aus der die heutige Diakonie entstand, beantwortet wurde. Die

Frage, vor der wir gerade stehen, lautet: Befinden wir uns heute auch in einem Paradigmenwechsel? Ich würde das mit vielen Wissenschaftlerinnen und Wissenschaftlern bejahen: Die Folgen des „Sturms" sind zumindest schon teilweise sichtbar und haben unsere Lebenslandschaft verändert.

Der Sturm, der alles verändert

Um diese Kraft des Paradigmenwechsels besser einzuordnen, möchte ich ein Bild gebrauchen: Wir Menschen haben uns Brücken als Antworten über die Flüsse unserer kleinen und großen Lebensfragen gebaut. Stellen Sie sich vor, dass nun dieser große Wirbelsturm über die Erde fegt und die Flüsse mit all den Lebensfragen von uns Menschen maßgeblich und nachhaltig verändert und zwar im Denken, Arbeiten, Glauben und im Verstehen des gesamten Lebens. Die Folgen des Sturms sind gravierend und zeigen sich ganz plastisch: Eine Brücke steht in der Mitte der Landschaft, neben der Brücke fließt ein Fluss. Was ist passiert? Ein Sturm hat den Flusslauf verändert, die Brücke ist aber stehen geblieben und steht nun neben dem Fluss. Die Brücken, die wir uns über manche früheren Lebensfragen mühsam gebaut haben, führen nicht mehr ans Ziel. Dies bedeutet aber auch, dass die Brücken nicht mehr ihr eigentliches Ziel erfüllen, und die Frage ist: Brauchen wir neue Brücken, die über die veränderten Flussläufe führen? Also neue Versuche in Leben, Denken und Glauben, die Lebensfragen der Menschen zu beantworten? Wie können die neuen Brücke aussehen? Und welche Brücke müssen wir neu bauen? Wo sind bewährte Brücken?

Die neuen Brücken der Generation Y

Genau mit solchen neuen Brücken beschäftigt sich das Autorenteam Hannes Leitlein und Stephanie Schwenkenbecher in ihrem Buch „Generation Y. Wie wir glauben, lieben, hoffen".

Dabei wälzen sie keine Theorien oder entwerfen neue Pläne, sondern sie gehen an die Flussläufe und beobachten und fragen die jungen Menschen, die schon lange dabei sind, neue Brücken zu bauen, weil sie die alten gelangweilt verlassen haben. Sie lassen die neue Generation zu Wort kommen, hören zu, stellen Fragen, zeigen mit ihren Fotos und Filmen ihre Weltsichten und drucken mit Songtexten ihr Lebensgefühl aus. Dabei geht es ihnen nicht um eine repräsentative Erhebung oder gar um eine schnelle Pauschalisierung, sondern um eine Begegnung mit ausgesuchten Vertreterinnen und Vertretern dieser neuen Generation. Und so gewähren sie uns einen interessanten Einblick in ihr Leben, ihren Glauben, ihre Hoffnungen und ihre Ängste. Dabei gehen Hannes Leitlein und Stephanie Schwenkenbecher behutsam vor, nehmen uns an die Hand und schärfen durch ihre Fragen unseren Blick für die kleinen und großen Veränderungen dieser jungen Menschen. Der katholische Bischof Klaus Hemmerle hat das einmal wunderbar ausgedrückt: „Lass mich dich lernen, Dein Denken und Sprechen, Dein Fragen und Dasein, damit ich daran die Botschaft neu lernen kann, die ich Dir zu überliefern habe." Und genau das ist möglich, wenn man die Porträts von Jonte, Katharina, Alina, Thomas, Elena, Ralf, Salama, Stefanie oder Simon liest und von ihnen lernt und dadurch ein neues Bild des Glaubens von dieser neuen Generation bekommt. Dies alles geschieht in einer Haltung, die sprichwörtlich entscheidend ist, um diese Generation zu verstehen. Und so entsteht ein Bild vor den Augen der Leserinnen und Leser und wir beginnen zu sehen, wie sie neue Brücken bauen und Kirche und Glauben in frischen Formen leben. Das alleine ist es schon wert, das Buch zu lesen, aber es gibt noch mehr.

Die Reflexion und die Konsequenzen

Angefangen wird der letzte Teil des Buches mit einer Reflexion von Christina Brudereck und Fulbert Steffensky. Sie bringen jetzt wieder etwas Abstand hinein und geben mit ihren Erfahrungen und Wissen eine spannende Reflexionsfläche für das Verstehen der neuen Generation ab. Die wunderbar poetische Christina Brudereck ist noch näher dran und doch eine Generation weiter, bestätigt, ermutigt und hinterfragt die neue Generation und beginnt für sie und mit ihr zu träumen. Fulbert Steffensky, der große alte Mann der Theologie, führt einem vor Augen, wie groß der Paradigmenwechsel wirklich ist und wie wichtig neue Brücken für diese Generation sind, wenn er sagt: „Ihr seid Meister eines neuen Wissens. Wissen aus dem Experiment heißt nun neues, bisher nicht bekanntes Wissen." Und so lernen wir aus dem Reichtum von Jung und Alt und staunen, wie Reformation ganz leise aussehen kann.

Resümee: „Die Menschen in diesem Buch sind Kirche"

Am Schluss und noch lange nicht am Ende fassen Hannes Leitlein und Stephanie Schwenkenbecher ihre Eindrücke dieser „Generation Reformation" zusammen. In fünf Themen beschreiben sie für Kirche und Gemeinde, was sie als wichtig, dringend und herausfordernd wahrnehmen, und kommen zu dem Ergebnis: „Die Menschen in diesem Buch sind Kirche", machen farbenfrohe Erfahrungen im Glauben, lieben die Beteiligungskultur und geben dem Glauben ein Gesicht. Und diese Gesichter machen Hoffnung und Lust, mit dieser Generation zu glauben und zu arbeiten, ja, Kirche zu sein. Dieses Buch sollte zur Pflichtlektüre für alle Pfarrerinnen und Pfarrer, Pastorinnen und Pastoren gemacht werden, damit sie vor lauter Arbeit und Pflicht diese Generation in ihren Kirchen und Gemeinden nicht übersehen und übergehen.

Und so sehe ich am Ende des Buches keine fertigen Brücken, aber ich verstehe die Flüsse der Generation Y besser, ihre Fragen, Hoffnungen und Ängste und ihren Glauben in all dem und das lässt mich erahnen, wie die Brücken der Zukunft auszusehen haben, und ich lehne mich zurück und sage: „Lass mich dich lernen".

Dr. Tobias Faix
Professor für Praktische Theologie an der CVJM-Hochschule
und Leiter des Forschungsinstituts empirica für
Jugendkultur & Religion

Editorial

Wie schreibt man das: ein Porträt der eigenen Generation? Wir sind selbst um die 30. Aber wir sind nur zwei: Stephanie und Hannes – Teil der sogenannten Generation Y. Um herauszufinden, wie unsere Generation tickt, reicht es nicht, in uns selbst hineinzuhören. Wir wollten mindestens 30 Menschen fragen, die ähnlich alt sind: Was glaubt ihr, wie hofft ihr, wen liebt ihr? Gesprochen haben wir bis zur Fertigstellung des Buches knapp 200.

Der Impuls zu diesem Buch kam aus dem Neukirchener Verlag und seinem ziemlich jungen Team. Inspiriert von der Studie „Warum ich nicht mehr glaube“ des Forschungsinstituts *empirica* in Marburg wollten sie wissen, was denn demgegenüber junge Christen in unserer Generation glauben, wie bunt sie das tun, wo sie sich treffen und was der Glaube in ihrem Leben bedeutet. Schnell stand fest, dass es keine neue Studie geben sollte, sondern eine Art Gesamtkunstwerk, das den Glauben auf vielfältige Weise einfängt und artikuliert, mit Bildern, Poesie, starken Zitaten, eindrücklichen Persönlichkeiten. Ein Bekenntnis, das einlädt, ein eigenes Bekenntnis zu formulieren oder zu filmen, zu singen ...

Angefangen haben wir 2014 mit einer Umfrage. Wir wollten möglichst viele Menschen erreichen, nicht nur unseren eigenen Freundeskreis, nicht nur unsere Facebook- und Twitterfreunde, sondern auch Freundinnen und Freunde unserer Freundesfreunde. Wir wollten die Generation Y. Die nicht mehr ganz jungen Erwachsenen, die noch nicht in oder noch am Anfang der Familiengründungsphase stehen, die sich einrichten in ihren Berufen und außerhalb von Praktika, die in den Redaktionen zu Stimme kommen und sich mehr und mehr Gehör verschaffen, die praktisch nur ein geeintes Deutschland kennen, für die Computer und Internet selbstverständlich sind, die Kontakte nur zu besonderen Anlässen noch per Brief pflegen, für die Youtube ein besserer Fernsehsender ist und Facebook ein lebendiges Adressbuch.

Worauf setzen sie ihre Hoffnung? Was ist ihre Sehnsucht? Was beflügelt sie? Wie bietet ihnen das Christentum Heimat? Wie verantworten sie ihr Leben zwischen den Labels öko, bio, fair? Holt sie der Wunsch nach Gerechtigkeit noch vom Sofa oder resignieren sie vor immer neuen und nie verlöschenden Krisenherden? Welche Vorbilder inspirieren sie? Wie formulieren sie ihren eigenen Glauben? Lebt eine vernetzte Generation Glaube und Hoffnungen anders?

Die Antworten auf unsere Umfrage waren starke Sätze unserer Generation, die sich als viel frommer herausstellte, als die Gesellschaft und wir es ihr zugetraut hätten. Wir hatten eine konkrete Vorstellung, was unsere Generation ausmacht und besonders ihren Glauben. Bei manchen Fragen hofften wir auf bestimmte Antworten. Hier und da wurden wir enttäuscht. Wir wollten diese Leute kennenlernen und sie vorstellen. 2015 wählten wir neun aus, verabredeten uns und stellten ihnen viele Fragen: Jonte, Katharina, Alina, Thomas, Stefanie, Simon, Elena, Ralf und Salama. Fast alle waren überrascht, wie ungewohnt es ist, über den eigenen Glauben zu reden – und wie schön. „Wann setz ich mich schon mal zwei Stunden hin, um mich zu fragen, was Gott für mich bedeutet?", stellte Thomas verwundert fest. Die Porträts, die entstanden sind, haben wir nicht aktualisiert. Unsere Gesprächspartner und -partnerinnen sind inzwischen weitergezogen, haben geheiratet, ihre Stelle gewechselt oder Kinder bekommen. Wahrscheinlich würden sie heute andere Antworten geben als damals. Der zeitliche Abstand soll ihnen ein bisschen Anonymität verschaffen.

Wir sind mit der Zeit – und je mehr Antworten wir hatten –, immer neugieriger geworden. Und es stellten sich neue Fragen: Wo treffen sich Christen in unserem Alter und entwickeln eigene Formen, ihren Glauben zu leben? Wir haben uns auf die Suche gemacht nach Netzwerken, Treffpunkten, Lebensgemeinschaften – Orte, an denen der christliche Glaube in unserer Generation Raum gewinnt. Wir waren verblüfft, was in diesem Land Kirche und Gemeinde abseits der Konventionen bedeuten und dass sie nicht unbedingt Extravaganz mit sich bringen. Die Netzwerke haben wir gebeten, sich selbst vorzustellen: ihre Hoffnungen, ihre Texte, ihre Lieder.

Und wie denken andere über uns? Das war nach so viel Selbstdarstellung eine befreiende Frage. Wer könnte etwas über uns sagen? Finden wir Menschen, die unsere Generation geprägt und den Kontakt nicht verloren haben? Gefunden haben wir Christina Brudereck und Fulbert Steffensky. Sie: 46, Theologin, Ex-„JesusHouse"-Predigerin, Autorin, Lyrikerin – eine, der wir, Stephanie und Hannes, unsere Glaubenssprache verdanken. Er: 82, Theologe, Ex-Mönch, Kirchentagsdauergast – ein alter Weiser. Beide frech.

Zum Schluss stellen wir fünf Themen vor, die wir unter uns Christen in der Generation Y und für Kirche und Gemeinde als wichtig, dringend und herausfordernd wahrnehmen. Da mischt sich unsere persönliche Erfahrung mit den Sätzen unserer Umfrageteilnehmenden und der Porträtierten.

Entstanden ist also ein Puzzle aus verschiedenen Elementen, die sich jetzt zu einem Ganzen fügen. Einem Ganzen, das nicht komplett unsere Generation abbildet. Aber irgendwie doch. Es ist ein Buch an uns selbst: So sehen wir uns – wie seht ihr uns? Es ist ein Buch an jeden – was glaubst du? Es ist Selbstvergewisserung: Wir sind mit unserem Glauben nicht allein. Und das ist vielleicht der wichtigste Punkt. Ja, wir gehen auf das Ende der Volkskirche zu, auf schrumpfende Gemeinden und ein Christentum, das in die Versenkung oder ins Fundamentalistische wandert. Aber. Wir gehen nicht auf das Ende des Christentums, nicht auf das Ende des Glaubens und schon gar nicht auf das Ende von Liebe und Hoffnung zu. Das ist es, was wir hören, wenn wir mit den Christen in unserer Generation sprechen.

Dass all das zwischen zwei Buchdeckeln und nicht online in einem Blog erscheint, passt natürlich überhaupt nicht zu unserer Generation. Aber Hannes und Stephanie lieben Bücher und die, die sie lesen. Ein Buch von uns für alle. Glaube, Liebe, Hoffnung zum Anfassen, Reinblättern, Anschauen und Freuen.

Zwei Puzzleteile stellen wir an dieser Stelle näher vor, weil sie über das ganze Buch verteilt sind:

Die Songtexte

Wir wollten neue, unkonventionelle Formulierungen: Poesie, Überraschung, etwas zum Nachdenken. Junge Songwriterinnen und Songwriter formulieren ihren Glauben in ihrer Musik, in ihren Worten und Melodien. Darum haben wir populäre und junge Musiker gebeten, ihre Texte in unserem Buch zu veröffentlichen. Manche der Künstler spielen auf internationalen Bühnen und in den Charts, andere bewegen sich vor allem im christlichen Umfeld oder bieten ihre Musik noch im kleinen

Rahmen dar. Zu jedem Songtext erzählen wir ein paar Hintergründe, stellen Künstler oder Künstlerin kurz vor und warum wir sie im Buch dabei haben wollten. Die Lieder finden sich zwischen den Kapiteln dieses Buches.

Was sich schlecht abdrucken ließ: Auch der gute alte Posaunenchor verliert in unserer Generation nicht seine tongewaltige Anziehungskraft. Die Band *Betagrooves* beispielsweise lässt mit ihren neu arrangierten Gesangbuchklassikern hören, wie das in unserer Generation klingen kann: betagrooves.de/videos. Unter betagrooves.de/sheet/befiehl_horns.pdf gibt es ein Bläserarrangement zum Nachspielen.

Fotoprojekt „Generation Y glaubt" von Steffi Kunze

Wir haben Steffi Kunze gebeten, Fotos für unser Buch zu machen. Wie sie Glauben sieht, wollten wir wissen, was Glaube für sie bedeutet und was sie glaubt. Ihre Fotos illustrieren dieses Buch. Die Greifswalderin lebt seit Jahren mit der Kamera in der Hand, in Leipzig, Berlin und jetzt in München. Ihre Bilder erzeugen jenseits der klassischen christlichen Bildsprache eine eigentümliche Spannung. Sie wecken Erinnerungen, wirken vertraut. Die Elemente Feuer, Erde, Wasser, Luft erzählen darin in archaischer Nüchternheit Grundsätzliches. Ihr Spiel mit Licht, Wetter und Perspektiven rührt an tiefer liegende Emotionen – die Angst vor dem Fall, die Sehnsucht nach Höherem, Leidenschaft, Einsamkeit, Freiheit, Begeisterung –, die eng mit dem Glauben verbunden sind. Glänzende Oberflächen, barocker Tand, hippe Klamotten, forcierte Coolness finden nicht den Fokus ihrer urbanen Motive und domestizierter Natur. Sie sieht hinter den blankpolierten Kulissen des Alltags Details, die von Größerem erzählen, vom Mehr, vom Geheimnis, das uns umgibt. Verfall und Verlassenheit versieht sie mit einer Perspektive, mit offenen Türen und Fenstern, die die Chance andeuten. Die Betrachtenden werden Teil eines Anfangs, einer neuen Geschichte. Im Alten regt sich die Lust auf das Morgen. Sie deutet an, dass da Licht ist.

Steffi Kunze hat in Berlin Film und Fernsehen mit Fachrichtung Regie studiert, während der Entstehung dieses Buches gerade ein längeres Praktikum bei Constantin Film gemacht und arbeitet seit zwei Jahren als Trailercutterin. 2011 hat sie den Eurocities-Fotowettbewerb gewonnen. Sie selbst sagt über ihr Fotoprojekt für unser Buch: „Am Anfang gab es ein paar klassische Kirchenbilder. Danach kam die Idee, Sachen zu fotografieren, die den Glauben symbolisieren, wie die Surferin oder das Pärchen. Sie glauben an die Liebe, die eigene Stärke ... Mehr mit dem Glauben an Gott haben vielleicht die Fotos zu tun, in denen Menschen ihre Hände ausstrecken oder im Gespräch sind, in den Himmel schauen oder der Weg, der im Nebel endet. Eine Freundin, die an dem Projekt beteiligt war, meinte, sie würde Gott eher in der Natur suchen als in der Kirche. Deswegen sind viele Bilder mit Natur dabei.

Die Leute, die die Hände hochheben oder springen, bewegen sich in der Freiheit des Glaubens und zeigen das Gefühl, das erfüllter Glaube in einem auslöst. Eigentlich wollte ich gerne noch einen alten Mann mit weißem Rauschebart fotografieren, weil viele Gott als Kind so gesehen haben, aber ich bin leider keinem begegnet."

Ich glaub du hast es
noch immer nicht verstanden
dass an Tagen so wie diesen
an denen echt gar nichts geht
dass es jemand gibt
der dich nimmt wie du bist
auch wenn du denkst
du gehst zu weit
dann geh ich nicht
nein ich geh nicht
ich geh nicht
auch wenn du denkst es geht nicht
hab dich in meinem Herzen
und ich geb dich
ich geb dich nicht mehr her ich
ich lieb dich
ich weiß es ist nur ein Haschen
ein Haschen nach nichts
haben vielleicht fünfzig Jahre
oder auch nicht
es fühlt sich alles so leicht an
als hätte es kein Gewicht
und du fragst mich warum ich
dafür hab ich keinen Grund
dafür gibt es keinen Grund
dafür hab ich keinen Grund
nein es gibt keinen Grund
Liebe braucht keinen Grund
ich geh nicht
auch wenn du denkst es geht nicht
hab dich in meinem Herzen
und ich geb dich
ich geb dich nicht mehr her ich
ich lieb dich

NASIM

KURZPORTRÄT

„Es kommt nicht darauf an, wie oft du fällst, sondern wie gemütlich du es dir am Boden machst", textet Nasim Kholti und spielt dazu Gitarre. Tiefsinnig, mit großem Charme und ernst zu nehmendem Witz. Er singt über die ewige Muse aller Songwriter, die Liebe, oder rechnet mit Klischees gegenüber Zuwanderern ab, die er als Sohn badisch-marokkanischer Eltern in der Fremde Württembergs alle selbst erlebt hat. „Darf ich zu dir ich sagen" ist sein Debüt.

Die Generation Y

Uns gibt es nicht. Wir sind eine Erfindung. Die „Generation Y“, das ist der Versuch, eine Generation zu fassen zu bekommen. Dabei sind wir viele und wir sind vielschichtig. Wir sind so unterschiedlich wie du und ich. Und das festzuhalten, diese Einsicht unserem kleinen Buch voranzustellen, das ist wohl typisch Generation Y. Typisch für die Generation Y ist auch, dass sie alles bei Wikipedia nachschlägt: „Generation Y (kurz *Gen Y* oder *Generation Me*) wird die Bevölkerungskohorte bzw. Generation genannt, die im Zeitraum von etwa 1980 bis 1999 geboren wurde. Je nach Quelle wird diese Generation auch als *Millennials* (zu deutsch etwa *die Jahrtausender*) bezeichnet. (...) Welche Eigenschaften Mitgliedern dieser Gruppe zugeschrieben werden können, wird in der Fachliteratur und anderen Medien vielfältig diskutiert.“

Vor uns waren die Babyboomer (etwa bis 1965) und die Generation X (etwa bis 1980). Es hieß einige Zeit, wir legten Wert auf flexible Arbeitszeiten, mehr Familienzeit, wären zwar engagiert, würden aber doch unsere Selbstverwirklichung nicht nur im Beruf finden, sondern auch in unseren Freizeitaktivitäten. Eine Studie des Beratungsunternehmens Kienbaum unter Hochschulabsolventen stellte 2015 fest, dass zwei Drittel der Befragten Wert auf ein gutes Klima in der Kollegenschaft legen, 61 Prozent sei eine gute Work-Life-Balance wichtig und 59 Prozent bevorzuge „attraktive Karrieremöglichkeiten". Diese Zuschreibung ist inzwischen widerlegt. Sie war wohl mehr Ausdruck der subjektiven Einschätzung einiger Babyboomer, als ein repräsentatives Abbild einer Generation. Zum Glück stellte die „Vermächtnisstudie" der ZEIT 2016 fest: Die Generation Y gibt es nicht! Die Zahlen gaben einfach keine signifikanten Unterschiede zu anderen Altersgruppen her. Tja.

Dabei klingt vieles von dem, was über uns gesagt und geschrieben wurde, grundsätzlich sehr sympathisch. Unserer Gesellschaft stünde mit uns, würden wir den Zuschreibungen entsprechen, eine entspannte und soziale Zukunft bevor. Endlich würde der Traum wahr: weniger Arbeit bei gleichbleibendem Wohlstand. Schuften müssten ab sofort nur noch Roboter. Ora sine labora. Schade eigentlich, dass all das nicht wahr sein soll.

Eine Studie des Roman-Herzog-Instituts, die im Herbst 2016 vorgestellt wurde, legte dar: Die Unterschiede zwischen den Generationen X und Y seien nicht am Alter festzumachen, sondern vielmehr an der unterschiedlichen Qualifikation. Die beiden Gruppen unterschieden sich nicht in Bezug etwa auf ihre Lebenszufriedenheit oder die Sorge, den Arbeitsplatz zu verlieren. Lediglich bei Jugendlichen ohne Ausbildung sei ein höherer Grad an Zukunftssorgen nachzuweisen als bei der Generation X. Wir Ypsiloner sind demnach fleißig und dienstbeflissen wie alle anderen auch. Wir neigten sogar dazu, im Eifer mehr Arbeit mit nach Hause zu nehmen und ständig erreichbar zu sein, wie es in einem Generationenporträt der ZEIT hieß. Der Technik sei Dank. Wir wachen morgens mit dem Smartphone in der Hand auf und schlafen abends damit ein. Es weckt uns, es weist uns den Weg, wir chatten, lesen und telefonieren damit. Müssen wir ein altes gegen ein neues Modell tauschen, kommt das einer Organtransplantation gleich.

Nicht nur unsere Telefone sind mobil, wir selbst sind es auch. Die innerdeutsche Grenze kennen die meisten von uns nur noch aus Erzählungen. Als Kinder sind wir auf der einen oder anderen Seite aufgewachsen. Aber Schlagbäume gehören für uns der Geschichte an wie die Deutsche Mark. Trotzdem hat uns die deutsch-deutsche Geschichte geprägt und bestimmt unser Leben – auch unseren Glauben – bis heute. Christinnen und Christen in Ostdeutschland kannten die Diaspora bereits als Kind, sie erinnern sich womöglich noch an Nachteile, die sie hatten, weil ihre Eltern in die Kirche gingen und sie nicht bei den Pionieren waren. Für sie war der Mauerfall auch ein gesellschaftliches Bekehrungserlebnis. Plötzlich durfte man öffentlich glauben. Der erste Kirchentag im Osten, 1996 in Leipzig, war eine Glaubensdemonstration, bei der niemand mehr Repressalien zu fürchten hatte.

Auch in Europa bewegen wir uns frei. Wir waren im Familienurlaub oder Schüleraustausch in Dänemark, den Niederlanden, Belgien, Frankreich, der Schweiz, Österreich, Italien, Tschechien oder Polen. Manche flogen sogar schon nach Spanien, Griechenland oder in die Türkei. Nach dem Abitur entdeckten wir für die Auslandserfahrung im Lebenslauf mit *Weltwärts* andere Kontinente und die alten Kolonien. Widerwillig mobil geworden sind die Geflüchteten, die von den meisten Analysen zur Generation Y bisher noch ausgeblendet werden. Denn eigentlich interessieren sich die Generation-Y-Versteher oft nicht ernsthaft für unsere Generation, sondern sorgen sich wahlweise eher um die Wirtschaftsleistung der Republik, um einen Platz auf der Bestsellerliste oder um ihre Rente. Selbst sogenannte Gastarbeiterkinder spielen – genau wie Hauptschüler – in diesen Büchern, Artikeln, Zeitschriften und Filmen keine Rolle. Es wirkt häufig so, als werde lediglich die eigene Zielgruppe abgebildet und gespiegelt, damit sie sich möglichst bestätigt fühlt und "Gefällt mir" klickt. Sie alle erheben dennoch ohne Wimpernzucken den Anspruch, eine ganze Generation einzusortieren.

Auch wir tun das. Es war nicht anders möglich, auch wenn wir versucht haben, über unsere eigene Blase hinauszublicken, auch Menschen abzubilden und zu erreichen, die uns weniger ähnlich sind. Auch dieses Buch zeigt nur einen Ausschnitt, nur einen Teil unserer Generation. Dennoch sehen wir Schnittmengen, Ereignisse, die viele in unserem Alter verbinden, und formulieren ein Wir. Wir, die wir die Enkel der Weltkriegsgeneration sind und damit auch die letzten, die Zeuginnen und Zeugen, Täterinnen und Täter und auch Opfer der deutschen Schuldgeschichte persönlich befragen können. Wir, die wir den Deutschen Herbst nicht mehr unbedingt mit linkem Terror verbinden. Der deutsche Terror unserer Generation kommt von rechts. Das Ausmaß des NSU-Skandals müssen wir jedoch erst noch realisieren, bevor wir ihn dann hoffentlich aufarbeiten. Unsere Augen sind so sehr auf den internationalen Terrorismus im Namen des Islams konzentriert, dass wir den Terror, der im Namen des sogenannten christlichen Abendlandes verbreitet wird, verdrängen. Es mag daran liegen, dass unser erster Kontakt mit dem Islam die Fernsehbilder waren, damals, als wir 2001 von der Schule nach Hause kamen und statt einer Talkshow mit Arabella Kiesbauer zwei einstürzende Wolkenkratzer über den Bildschirm flimmerten. Seither müssen 1,5 Milliarden friedliebende Muslime auslöffeln, was ein paar Extremisten eingebrockt haben. Aber nicht mit uns: Wir differenzieren. Alles. Und. Jede/n. Apropos Fernseher: Wir sind die zweite Generation, die ihn kennt, und die letzte, die noch ganze

Abende vor ihm verbracht hat. Wer wollte nicht einmal bei Thomas Gottschalk eine Wette einreichen? Als Kinder sahen wir den Disney- oder Tigerenten-Club. Der König der Löwen und Ariel, die Meerjungfrau, haben unser Familienbild mehr geprägt als jede Familiensynode oder Orientierungshilfe es je könnte.

Wenn wir nicht vor der Glotze saßen, spielten wir Tetris auf dem Game Boy oder Mario Kart auf dem Super Nintendo. Wir hatten ein Tamagotchi. Unglaublich! Die meisten Jungs spielten Ballerspiele. Deshalb mussten wir auch nicht unbedingt zur Bundeswehr. Wir ließen uns ausmustern. Man ließ uns gewähren. Eine AK47 konnten wir schon mit 14 von einem G36 unterscheiden – Counter Strike sei Dank. Der lächerliche Fehler, die MP5 im RAF-Logo für eine Kalaschnikow zu halten, wäre uns nicht passiert.

Die meisten Mädchen schmachteten je nach Jahrgang Take That, den Backstreet Boys oder N'Sync hinterher und sangen die Texte der Musikvideos bei MTV und VIVA mit, obwohl sie noch kein Englisch konnten. Das hatte ein Ende, als das Musikfernsehen der Klingeltöne wegen ausstarb. Wir alle kauften donnerstags eine Bravo und manchmal auch heimlich ein Micky-Maus-Heft, später abonnierten wir die Neon und heute lesen wir Nido. In unserer Jugend gab es an der Schule noch Raucherzimmer für die Lehrer und Raucherecken für Schüler über 16. Heute gibt es für alle, die dabei geblieben sind, Raucherbereiche. Überhaupt leben wir extrem gesund. Wir kaufen Bio-Lebensmittel bei Aldi, Fair Trade bei Tchibo, Bücher bei Amazon. Kurz: Wir lügen uns ständig selbst in den Jutebeutel. Wenn wir krank sind, geben wir die Symptome bei Google ein, bevor wir einen ärztlichen Rat einholen. „Bei Risiken und Nebenwirkungen ...“ – läuft das in diesen linearen Unterhaltungsmedien noch?

Aber wer will uns das schon vorwerfen? Unsere Zeit ist ungeheuer kompliziert. All die Dinge unseres täglichen Lebens versteht kein Mensch. Bei der Technik fängt es an, bei den politischen Verhältnissen hört es noch lange nicht auf. Vielleicht hat der Glaube deshalb Hochkonjunktur? Jahrelang hat alle Welt geglaubt (!): Die Welt wird säkular. Und dann kamen wir – die Christen der Generation Y. Ganz ohne Berührungsängste vor dem Heiligen, dem Gleichnishaften, der Realpräsenz Gottes. Fromm und ohne Vorbehalte. Was die Generationen vor uns erstritten, was sie oft bis heute voneinander trennt, hat uns nie wirklich interessiert. Wir sind die Generation, deren Eltern aus der Kirche ausgetreten sind, um dann zuzusehen, wie ihre Kinder Pfadfinder werden und Theologie studieren. Sie wollten, dass wir selbst entscheiden und waren dann umso verdutzter, als wir uns zwar für den Ethikunterricht, aber dann doch auch für die Taufe entschieden. Wir gingen zum Jugendgottesdienst, nie ohne Anspiel und Band, und als junge Erwachsene suchten wir Anschluss in einer Emerging Church. Nicht alle. Aber die meisten von denen, die Gottesdienste auch noch mit Führerschein spannend fanden. Heute treffen wir uns bei der Fresh-X-Bewegung wieder – ökumenisch selbstverständlich – und tragen unsere eigenen Konflikte aus, nur um nicht die Konflikte der vergangenen Generationen abschließen zu müssen. Obwohl doch einige Fragen nicht aus uns selbst kommen. Sie werden an uns herangetragen und man gibt uns das Gefühl, wir müssten sie beantworten, um ein Feld weitergehen zu dürfen. Homosexualität ist so ein Thema. Beziehungsweise es ist keins. Für uns zumindest nicht, weil wir lieber mit Menschen reden als über sie. Trotzdem kommen wir nicht drum herum.

Und jetzt tun wir schon selbst so, als könnten wir auf fünf Seiten einer ganzen Generation gerecht werden. Einer Alterspanne, die mehr als ein ganzes Jahrzehnt umfasst. Während die einen von uns nachmittags vor dem Fernseher saßen, lagen die anderen noch in ihren Windeln. Während die einen eine bewusste Erinnerung an 1989 haben, ist diese Vergangenheit für die anderen eine Lektion im Geschichtsunterricht. Und doch sind die Mitte-30-Jährigen von den Mittzwanzigern am Ende gar nicht so weit entfernt. Da haben manche auch schon Familie, Freunde, die sich scheiden lassen, viele sind im Beruf, manche studieren noch oder orientieren sich um. Welche Filme, welche Musik wir mögen, was uns prägt, hat viel mehr mit Geschmack zu tun als mit Alter. Mit pauschalen Zuschreibungen trifft man unsere Generation auf dem falschen Fuß. Zum Verstehen helfen die meist ohnehin nicht. Aber: Die Generation Y lässt sich kennenlernen. Unter anderem in diesem Buch.

Filme von und mit der Gen Y

Hannas Reise mit einem Freiwilligendienst nach Israel nimmt ein großes Thema leicht. Israel ist darin jenes Land, in dem es ganz süße Typen gibt, die, geschädigt vom Militärdienst, nach Berlin wollen.

3-Zimmer-Küche-Bad zeigt alles: Generation Praktikum, Wohngemeinschaft, Umzüge, Berlin. Beziehungen sind wechselhaft bis konstant. Aber: Dargestellt vor dem Hintergrund zerbrechender und zerbrochener Beziehungen der Elterngeneration, wirken sie gar nicht beliebig.

Berlin am Meer zeigt zusätzlich: Endlosstudium, Freundschaft, Egoismus, abgedrehte Nächte, gute Elektromusik, Verliebtsein und wieder: Berlin. Mit beiden Filmen zusammen kennt man unsere durchschnittliche Lebenssituation in der Hauptstadt.

Drei Stunden ist noch so ein Weltbürger-, noch so ein Liebes-, noch so ein Freundschaftsfilm. Und in diesem Film spielt Gott mit: trinkt Bier, ermutigt, trägt einen ziemlich schnieken weißen Anzug und ist witzig.

Pfarrer zeigt, wie junge Leute zu Pfarrern ausgebildet werden. Und zwar aus Sicht eines Regisseurs, dem das fremd zu sein scheint und dem doch die Faszination nicht abgeht. Wer also noch mehr Vertretern der Generation Y beim Zweifeln, Fragen und Umplanen zusehen möchte, ist hier richtig.

LICHTER DER HOFFNUNG

Hier ist dein Haus, komm wie du bist.
Egal woher, du wirst vermisst.
Hier wohnt ein Traum,
der uns vereint.
Wir sind eins.

Wir sind auf dem Weg,
in ein neues Land.
Wir schaun auf den, der uns vereint.
Wir sind eins.

Wie Lichter der Hoffnung,
inmitten der Nacht
vereint in dem Glauben
an den Gott, der uns frei macht.

Du und ich sind ein Teil
von dieser Generation,
die von Jesus bewegt
aufsteht und lebt.

Weil Liebe alles möglich macht,
gehen Türen auf, sind unbewacht.
Hier wohnt ein Traum,
der uns vereint.
Wir sind eins.

Wir gehören zusammen,
In Liebe und Einheit
stehn wir vor dir, dem Herrn der Herrn.

KOENIGE&PRIESTER
TEXT/MUSIK: Götz von Sydow,
Thomas Enns

KURZPORTRÄT
Könige & Priester machen radioreifen Pop und gute Laune. In ihren Texten sprechen biblische Sätze mit. Die Frontsänger und Frontsängerin der Band kann man kennen: Die Brüder Thomas und Jonathan Enns sind 2007 bei „Deutschland sucht den Superstar" in den Top Ten gelandet. Und Sängerin Florence Joy hat 2004 die Sat1-Show Star Search gewonnen und unter anderem zur WM-Eröffnung 2006 gesungen. Die drei machen eine Erfahrung: Im Showbusiness treffen sie Leute, die nichts vom Glauben wissen. Und wenn sie von Gottes Liebe erzählen, wünschten sie, die Christen wären eins. Darum starteten sie 2007 mit fünf anderen Musikern zusammen ein eigenes Projekt, überkonfessionell: Ihr Kölner Jugendgottesdienst *B.A.S.E.* gleicht einem Rockkonzert. Im Juni 2017 erschien ihr zweites Album „Heldenreise".

Die Umfrage

Wir sind Zitate fischen gegangen, was Leute zwischen 25 und 35 glauben. Dazu haben wir eine Mini-Umfrage erstellt und bei Facebook und Twitter darauf hingewiesen. Manche haben den Link geteilt, viele gelikt. Auf die Weise haben wir über unseren Bekanntenkreis hinaus Leute erreicht. Zusätzlich haben wir in diversen Facebookgruppen die Umfrage beworben. Wir hatten nicht vor, eine repräsentative Studie zu erstellen. Wir wollten gute Statements sammeln. Die Umfrage lief von Dezember 2014 bis Februar 2015. Da hatten über 150 Leute teilgenommen und über 120 waren im relevanten Alter. Sie kamen aus ganz Deutschland, waren im Durchschnitt 29 Jahre alt und hatten die verschiedensten Berufe. Vor allem hatten sie sehr unterschiedliche Antworten gegeben. Uns sind gute Zitate „ins Netz" gegangen.

Unsere Fragen

1. Wie hast du dir Gott vorgestellt, als du noch klein warst?
2. In einem Satz, kurz und spontan: Was glaubst du?

3. Wie lautet dein Satz: Kirchen sind für mich ...?
4. Wenn dein Glaube für dich Beziehung sein sollte, wie pflegst du sie?
5. Wie lässt sich „nur noch kurz die Welt retten"?
6. Sonntagsgottesdienst, Krippenspiel, Osterfeuer ... welches christliche Ritual gehört für dich unbedingt zum Leben dazu?

Ein 34-jähriger Historiker aus Rheinland-Pfalz fühlte sich bei unserer Umfrage ausgegrenzt. Er pflegt die Beziehung zu Gott gar nicht, nennt sich Atheist. Und hat recht. Wir machen keinen Bevölkerungssurvey. Das hier ist am Ende ein frommes Buch von Christen für Christen und die, die es interessiert. Worauf es uns aber ankam: Wir leben nicht in einer frommen Blase, jeder in seiner Konfessions-Community, in der alle dasselbe denken. Wir leben in einer Welt voller Agnostiker, voller selbstgebastelter Bekenntnisse und voller Glauben. Darum war uns beides wichtig: gezielt Christen anzusprechen, christliche Glaubensäußerungen zu provozieren und so offen zu formulieren, dass zum Beispiel Atheisten auch auf die Idee kommen, ihre Meinung ins Gespräch zu bringen. Danke dafür, lieber Historiker aus Rheinland-Pfalz! Dieses Gespräch mit den Skeptikern, mit den Unentschiedenen, mit den explizit Ungläubigen und Andersgläubigen gehört für uns dazu. Wenn wir unseren Glauben ohne sie formulieren, kommen wir nicht runter und an, wie Jesus es tat. Dann sind wir nicht nur verkopft, sondern schon verhimmelt. Eins war für uns tatsächlich schmerzhaft: Wir haben keine außerchristlichen Antworten bekommen. Keine Hindus, keine Buddhisten, keine Esoteriker, keine Moslems, nichts. Was denken die wohl über Jesus und seine Kirche? Es bleiben für uns Fragen offen.

Die Teilnehmenden

Statistisch ist das alles nicht aussagekräftig, weil wir dafür viel zu wenige Leute erreicht haben. Stephanie hat die Angaben der Teilnehmenden trotzdem akribisch ausgewertet. Sie wollte wissen, wer teilgenommen hat. Die folgenden Ergebnisse sind also exklusiv für Neugierige, die Lust an Zahlen haben:

157 Menschen haben auf unsere Umfrage geantwortet. 124 waren tatsächlich zwischen 24 und 36 Jahre alt, im Durchschnitt 29,4 Jahre. Warum die 36-Jährigen drin geblieben sind, ist Stephanies Geheimnis. Die 24-Jährigen sind bei Veröffentlichung des Buches aber mutmaßlich 25 geworden. Den 71-Jährigen und die 19-Jährige mussten wir in der Auswertung wirklich außen vor lassen. Trotzdem schön, dass so viele mitgemacht haben!

Die folgenden Zahlen beziehen sich nur noch auf die Leute zwischen 24 und 36. 90 von den 124 haben ihren Vornamen angegeben, davon klingen 51 eher weiblich und 39 eher männlich. Es haben sich etwas mehr Frauen von unserer Umfrage angesprochen gefühlt als Männer – oder Männer antworten lieber anonym. Alle Namen lesen sich ziemlich deutsch. Die meisten Menschen kennen Hannes und ich selbst nicht. Einige Bekannte sind darunter, unser engerer Freundeskreis hat aber nicht auf die Umfrage reagiert – oder hat die Möglichkeit genutzt, anonym zu antworten.

75 Menschen haben ihre Herkunft angegeben. 30 davon sind allgemein geblieben und haben Deutschland genannt. Drei wussten nicht, worauf wir hinauswollten. Die restlichen verteilen sich auf das Bundesgebiet: Spitzenreiter sind Sachsen mit sechs Leuten plus vier, die ihre Herkunft konkret im Erzgebirge sehen, und Nordrhein-Westfalen mit acht Leuten plus zwei, die explizit aus dem Ruhrgebiet kommen. Wir schmun-

zeln über die Heimatverbundenheit mancher. Diese beiden ersten Plätze lassen sich vermutlich mit der Herkunft von Stephanie (Leipzig in Sachsen) und dem damaligen Wohnort von Hannes (Essen im Ruhrgebiet) erklären. Aus Hessen kamen fünf, aus Baden-Württemberg vier, wobei uns erstaunt, dass es hier keine Sonderangaben gab à la Hohenlohe, Schwaben oder Schwarzwald. Aus der Pfalz, Hamburg und Niedersachsen waren jeweils zwei dabei. Und je eine Person kam aus Thüringen, Sachsen-Anhalt, Bayern, Pommern und Mecklenburg. Wir sind mit der Verteilung sehr zufrieden. Bleiben noch vier Angaben, die das Bild ein bisschen aufmischen: Eine komme aus der DDR, wie sie schreibt, eine andere aus Südafrika, einer hat seine Herkunft im Pfarrhaus – das ist vielleicht prägender als ein Bundesland –, eine besitzt die doppelte Staatsbürgerschaft und eine kommt aus dem Märchenland – dazu herzlichen Glückwunsch!

83 Leute haben ihren derzeitigen Wohnort angegeben. Drei Viertel davon wohnen in größeren Städten. Mehrfach wurden folgende Orte genannt: Würzburg, Frankfurt am Main, Wuppertal, Bonn, Dresden, Düsseldorf, Göttingen, Greifswald, Halle an der Saale, Leipzig und Stuttgart. Acht Leute waren aus Berlin, fünf aus Essen, sechs aus Hamburg. Wir haben einen leichten Hang Richtung Norddeutschland (aus München und Stuttgart kam nur jeweils eine Person, mehrere kleinere Wohnorte liegen aber in Süddeutschland) und einen klaren Schwerpunkt auf Städten mit Universität.

Sechs wohnen in dem Ort, aus dem sie stammen. Sie sind die einzigen, die ihre Herkunft mit einem konkreten Ortsnamen angeben und nicht allgemein Deutschland oder ein Bundesland nennen, als würden sie wollen, dass wir sehen: Ich wohne noch zu Hause. Ich bin nicht weggezogen. Es ist anzunehmen, dass alle anderen ihren Wohnort mindestens inner-

halb des Bundeslands gewechselt haben. Sechs? Das erscheint uns viel und wenig zugleich. Umzüge und Wohnortwechsel sind unser Normalfall. Sechs Leute wohnen noch oder wieder zu Hause und finden das auch gut so. Wenn wir können, bleiben wir vielleicht doch ganz gerne, wo wir sind.

Kleines Detail: Die vier Erzgebirger hat es nach Dresden oder Berlin verschlagen – der Osten bleibt sich treu (was nach viel Abwanderung eine gute Nachricht ist).

90 Leute haben ihren Beruf angegeben. Darunter sind 21 Ausbildungsberufe: kaufmännische Angestellte, Elektroniker, Zweiradmechanikerin, Gemeindereferenten, Kassiererin und ähnliches. Wir haben nicht nur Akademiker erreicht. 13 waren noch Studierende, haben aber ihr Fach nicht angegeben. Vier studierten Theologie – kein Wunder, das ist ja auch Hannes' und mein Fach. Drei waren gerade im Vikariat. Theologen haben ihr Studium auch im Zeitalter des Bachelors mit Mitte 20 oft noch nicht abgeschlossen. Insgesamt gab es 21 Leute, die in irgendeiner Weise theologisch ausgebildet sind – also auch Gemeindereferenten und Kirchenmusiker, darunter vier Diakone. Wenig bis gar nicht vertreten sind Mediziner, Juristen und Informatiker. Technische Berufe und Ingenieure waren vier dabei. Genau so viele Leute arbeiten als Wissenschaftler an der Universität. Sechs Studierende haben als Fach Sozialpädagogik angegeben. Zusammen mit den Erziehern und Sozialarbeitern sind damit die sozialen Berufe die zweitstärkste Gruppe nach den Theologen. Wenn man die Gemeindereferenten und Diakone unter beiden Fachbereichen zählt, sind sie etwa gleich stark. Was vermutlich bedeutet, dass es Pädagogen und Theologen am ehesten naheliegt, über ihren Glauben Auskunft zu geben. Zwei Frauen bezeichnen sich selbst als Hausfrauen. Drei Journalisten haben uns geantwortet. Es gab einen Künstler, einen Komponisten, einen Fotografen und einen „Kaufmann für Mu-

sikinstrumente". Wir freuen uns über die Bandbreite! Und wir sehen, dass wir in einem bestimmten Milieu geblieben sind, in einer bestimmten Einkommensklasse und auf einem bestimmten Bildungsniveau. Die Konfession haben wir nicht erfragt, ist aber in manchen Antworten ersichtlich geworden. Wir haben einige Katholiken, Protestantinnen, Freikirchler, Agnostikerinnen und einen expliziten Atheisten dabei.

Wie die Generation Y antwortet

Beim Lesen der Antworten fallen einige auf, die öfter gegeben wurden. Nimmt man die häufigsten, klingt das so:

1. Als wir klein waren, haben wir uns Gott als alten Mann mit Rauschebart und weißgrauen Haaren vorgestellt (25 %).
2. Wir glauben, dass Gott Liebe ist oder liebt (20 %).
3. Kirchen sind für uns entweder Zuhause, ein Ort der Ruhe oder furchtbar (jeweils etwa 10 %).
4. Wir pflegen unsere Beziehung zu Gott, indem wir mit ihm reden, also beten (53 %).
5. Die Welt lässt sich unserer Meinung nach gar nicht retten (24 %), wobei die meisten so Denkenden trotzdem etwas für Veränderung tun bzw. an eine Rettung durch Gott glauben.
6. Unbedingt dazu gehört für uns immer noch der Sonntagsgottesdienst bzw. die Messe, auch wenn wir nicht immer hingehen (36 %).

Was uns außerdem begegnet ist: die pure Poesie, die besagten schönen Zitate. Aber dazu nun in der Auswertung der einzelnen Fragen mehr.

1. Wie hast du dir Gott vorgestellt, als du noch klein warst?

Die erste Frage war eine Aufwärmübung. Mit etwas Glück verrät sie etwas über unseren Hintergrund. Manche sind richtig ins Erzählen gekommen, zum Beispiel Sabine aus Würzburg: „Ich hatte immer die Vorstellung, dass Gott uns betrachtet wie Ameisen in einer Ameisenfarm. Wir sind ganz winzig für ihn und wuseln auf der Welt umher. Er sorgt sich um uns und gibt uns Futter, Wärme usw., beschützt uns."

Es ist wirklich so, dass die Gottesbilder in unserem Kulturkreis nicht besonders variieren. Die kindliche Fantasie mag bunt und rege sein und zu fabelhaften Schlussfolgerungen über Gott kommen. Kürzlich wurden zum Beispiel Kinder in einer Greifswalder Kindertagesstätte gefragt, wer denn allmächtig sei und sie alle lieben würde. Eine Antwort hieß: Meister Yoda. In Sachen Gottesbild ist die kindliche Fantasie aber sonst meist erstaunlich festgelegt: Gott ist groß und alt, hat lange graue oder weiße Haare, einen Rauschebart und ist grundsätzlich erstmal gut – Typ lieber Opa. So etwa fielen die meisten Antworten auf unsere Einstiegsfrage aus (25,8 %). Für manche diente ihr eigener Vater oder der Pfarrer als Schablone für Gott. Dann waren Gottes Haare dunkel. Für jeden Zehnten war Gott selbst wie ein liebender Vater.

Charlotte, 27, erinnert sich: „Gott war immer eine Art Freund. Wir waren uns sehr nah und man konnte ihm alles erzählen, weil er immer für einen da war." Als Freund sahen ihn insgesamt vier Leute. Matthieu, ebenfalls 27, teilt das positive Grundgefühl Gott gegenüber. Er hat ihn sich vorgestellt „wie jemand, der immer da ist, mit dem ich immer reden kann, der mich versteht, dem ich meine Sorgen erzählen kann und der mich beschützt." Beschützt von Gott fühlten sich als Kind ganze zwölf Prozent der Teilnehmenden. Sabine, 29, war eher empathisch: „Ich habe mir Gott vorgestellt als jemand, der viel

zu viele Anrufe und Post bekommt." Für Jozeka, 28, war er „wie eine Person aus hellem Licht", für einen 32-jährigen Elektriker wie „ein großer warm leuchtender und pulsierender Quader – jetzt übrigens immer noch." Für vier Leute war Gott der große Umarmer oder eine ausgestreckte Hand.

Es gab aber auch fünf Leute, die sich Gott gar nicht in einer bestimmten Weise vorgestellt haben, und ein paar weitere, die völlig unterschiedliche Gründe dafür angaben: „Ich hatte keine konkrete Vorstellung. Da mir beigebracht wurde, ich solle mir kein Bild machen, habe ich alle Gedanken dazu weggedrückt" – so oder ähnlich antworteten immerhin drei. Für einen 28-jährigen Katholiken war Gott als Kind ein „unsichtbares Wesen in den Wolken". Und ein 35-jähriger Wuppertaler schreibt: „Ich habe das Konzept nie so richtig begriffen." Jenny, 27, dachte, „er wäre ein Hirngespinst komischer Leute". Und Lea, 24, stellte sich vor, „dass Gott das Schöne in allem ist".

Interessant sind auch zwei Vergleiche, die genannt werden: Gott sei für sie gewesen „wie Gandalf" oder „wie bei den Simpsons". Um unser kindliches Gottesbild zu beschreiben, hilft, so denken wir, ein Vergleich mit Gandalf. Die großen Erzählungen, die unsere Generation gefesselt haben, sind Erzählungen aus Fantasiewelten, die aus Märchenelementen oder Zukunftsvisionen zusammengesetzt sind oder unserer Welt einen schonungslos komischen Spiegel vorhalten: Der Herr der Ringe, Harry Potter, Star Wars oder Star Trek und Die Simpsons. Es ist eher unwahrscheinlich, dass jemand aus unserer Generation sagen würde, Gandalf sei ein bisschen so wie Gott. Es ist eher so, dass Gott ein bisschen ist wie Gandalf. Hat Gandalf etwa das bessere Marketing als die Gotteserzähler?

Zwei hatten kein positives Gottesbild, für sie war er vor allem strafend und kontrollsüchtig. Er? Nein, unter den negativen Gottesbildern war doch tatsächlich die einzige weibliche Gottesvorstellung. Lukas, 25, sah Gott „als strenge Mutter, die alles kontrolliert." Zum Glück ist das hier keine repräsentative Umfrage und seine Aussage somit nicht die Bilanz der Kinder des Feminismus. Als wir klein waren, war Gott ein Mann und er war grundsätzlich gut. Diesen Ertrag kann sich die Katechetik und Religionspädagogik der 80er und 90er Jahre zuschreiben.

2. In einem Satz, kurz und spontan: Was glaubst du?

Unsere zweite Frage forderte die Teilnehmerinnen und Teilnehmer besonders heraus: „*Ein* Satz. Spontan: Was glaubst du?" Das fiel vielen so schwer, dass sie zumindest die erste Vorgabe ignorierten. Ein großer Teil schrieb gleich mehrere Sätze, man könnte fast Absätze sagen. Die allermeisten kamen nicht ohne Schachtel- und Nebensätze aus, nur wenige brachten ihren Glauben sogar mit nur einem Wort zum Ausdruck. Manche schummelten und setzten statt Punkt ein Komma. Benny aus der Pfalz machte die Herausforderung transparent und schrieb: „Ich sitz jetzt schon ne Weile an der Frage, weil so einfach ist das nicht." Spontan sei seine Antwort deshalb schon mal nicht mehr. Und dann macht er sich die Worte von anderen zu eigen: „Setzt einfach den Text vom Apostolikum ein, das kommt dem wohl am nächsten." Das Apostolikum, auch Apostolisches Glaubensbekenntnis genannt: ein Text, den bis heute noch viele Jugendliche im Firm- oder Konfirmandenunterricht auswendig lernen. „Ich glaube an Gott ...", heißt es da. Oder meinte Benny womöglich sogar die lateinische Version? Wir wissen es nicht. Dem dreieinigen Aufbau dieses Credos schließen sich zumindest auch andere an. Sie übernehmen nicht direkt den ganzen Text, doch aber die Struktur, die er geprägt hat. Etwa zehn Prozent glauben demnach an die Dreieinigkeit. Sie sprechen Gott in seiner Wesenseinheit aus Vater, Sohn und Geist an. Gott benennen unsere Teilnehmerinnen und Teilnehmer in ihrem Ein-Satz-Bekenntnis insgesamt am häufigsten. 73 Mal fällt dieser, sagen wir: Name. „Dass da ein Gott ist, der für uns ist", schreibt etwa Katharina aus Leipzig (siehe ausführliches Porträt). Wie 60 Prozent aller Deutschen insgesamt glauben wir an Gott. Jesus kommt dagegen nur 24 Mal namentlich zur Sprache. Nehmen wir jedoch „Spitznamen" wie Erlöser, Sohn und Christus hinzu, wird der Stifter unserer Religion doch schnell prominenter in der Auswertung.

Es gibt einige Formulierungen jenseits des klassischen Bekenntnisses. „Dass es kein Jenseits gibt, dass dann Ruhe ist", schreibt ein 35-Jähriger. Dem widerspricht ein Großteil der Beiträge mit Worten wie „Sinn" und „Hoffnung". Eine 23-jährige „J" schreibt: „Selbst wenn ich Ereignisse, Begegnungen, Widerfahrnisse nicht immer deuten oder gutheißen kann, ich glaube, dass sie alle ihren Sinn haben, dass das Leben einen Sinn hat, und dass alles liebevoll von Gott getragen wird."

In verschiedener Ausprägung sprechen etwa zehn Prozent vom Guten – mal im Menschen, mal in und mal außerhalb der Welt. Hier hat Gott Gutes mit uns vor, dort ist Gott das Gute. Ein weiterer anonymer Teilnehmer schreibt: „Ich glaube an mich! An die gute Seite in uns und an das Leben!"

Auch eine Macht kommt oft vor. Mal ist diese Macht in Gott personifiziert, mal aber ist sie wie bei Kassiererin Marie eine höhere Macht, die sie nicht näher definieren kann. Auch ein 31-jähriger Hostel-Manager schreibt: „Ich glaube an etwas, an eine Macht, die größer ist als mein Verstand."

Hoch im Kurs steht auch die Liebe. „Ich glaube an alles Gute und Herzliche. Ich glaube daran, dass mehr Liebe möglich ist", schreibt etwa Christin aus Coburg und Linguistin Tina ergänzt: „An Empathie, Ehrlichkeit, Aufrichtigkeit, Wertschätzung zwischen mir und den Menschen, mit denen ich enge Beziehungen pflege; unterm Strich an unsere Liebensfähigkeit." Ihnen

ist die Liebe selbst genug; andere, wie der angehende Priester Johannes, betonen, dass Gott die Liebe ist: „Ich glaube, dass Gott die Liebe ist, jede und jeden von uns persönlich liebt und wir deswegen auch lieben sollen." Dass die Liebe umgekehrt aber Gott ist, das schreibt so niemand ausdrücklich, obwohl die oberen beiden Statements darauf schließen lassen: Über die Liebe hinaus ist nichts nötig. Sie ist es, wonach es zu streben gilt, woran Christin und Tina und einige weitere Teilnehmerinnen und Teilnehmer glauben.

Eine 33-jährige Biologin hat unsere Vorgabe ernst genommen und nur einen Satz geschrieben. Sie hätten wir dann wiederum gerne gebeten, diesen Satz noch etwas auszuführen: „Wir sind alle Sternenstaub", schreibt sie. Das klingt fast poetisch, könnte mit Blick auf ihren Beruf aber auch ganz pragmatisch gemeint sein.

„Dass es viel zu tun gibt", schreibt Sabine und bringt die ethische Seite des Glaubens aufs Tableau, die unserer Generation gerne nachgesagt wird. Ihr Glaube ist fokussiert auf das Handeln. Auch er gehört zu den Sätzen, bei denen wir uns im Nachhinein wünschen, Sabine hätte unsere Vorgabe übergangen. Zu gern würde man wissen, was es zu tun gibt. Meint sie das Leid der Welt, meint sie sich persönlich, sieht sie vielleicht etwas ganz anderes? Woher kommt ihr Bedürfnis, etwas zu tun? Kommt Glaube ohne Ursprung, ohne Impuls aus? Kann man das sagen: „Ich glaube", ohne eine Basis zu haben, ohne Fundament, nur mit Ziel, nur mit Ausblick? Guido aus Wuppertal sieht es so: „Ganz banal: Is halt so. Man muss nicht alles erklären können. Man muss nur mit allem umzugehen lernen." Muss nicht alles einen Grund haben? Kann ich mit Dingen, deren Begründung ich nicht kenne, umgehen? Oder umgehe ich sie dann bloß?

Viele der Glaubenssätze, die unsere Umfrage provozierte,

brachten uns schwer ins Nachdenken. Einige wirkten auf den ersten Blick platt, abgekupfert, nachgeplappert. Uns überraschte vor allem die Erwartbarkeit vieler Sätze. Dreieinigkeit, Gott, Liebe, Sinn, höhere Macht. Wo ist die eigene Sprache? Warum wiederholt unsere Generation, die sich für so individuell und einzigartig hält, die Sätze der Alten? Fehlt hier in unseren Kirchen und Gemeinden eine Kultur, den eigenen Glauben individuell und persönlich auszudrücken?

Dann aber ließen wir uns darauf ein: Darauf stehen also unsere 120 Teilnehmerinnen und Teilnehmer. Das ist es, was sie hält, worauf sie vertrauen. Das ist – frei nach Worten des biblischen Briefes an die Hebräer – Grundlage dessen, was diese Menschen hoffen, und der Beweis von Dingen, die sie nicht sehen. Die Kirchen sollten sich freuen über diese Antworten. Ganz offensichtlich halten viele Worte noch immer, auch oder gerade weil sie althergebracht und dennoch lebendig sind. Diese Worte verbinden, sie atmen die Kraft und Aktualität der Jahrhunderte. Und noch immer scheint das Bedürfnis groß, sich in eine Geschichte zu stellen, sich zu identifizieren mit dem vielleicht Langatmigen, das doch den längeren Atem hat.

Ganz im Gegensatz zu allen Unkenrufen, die jungen Leute hätten die klassischen Lehrformeln nicht mehr drauf, zeigt unsere Umfrage: Die zentralen Sätze, das Apostolische Glaubensbekenntnis, könnten die Mehrzahl noch mitsprechen – wenn vielleicht auch nicht auswendig, dann doch aus Überzeugung. Gleichzeitig sollten sich die Kirchen was schämen. Denn woher sonst sollte die Banalität mancher Aussagen kommen, wenn nicht von zu wenig Ermutigung, den Glauben mit eigenen Worten zur Sprache zu bringen?

Seinen Glauben an die Kirche erklärt übrigens nur ein Teilnehmer ausdrücklich: „et in unam sanctam, catholicam et apostolicam ecclesiam", schließt Kilian, 27, sein Bekenntnis zum

„dreifaltigen“ Gott – auf deutsch: „und an die eine heilige, katholische und apostolische Kirche.“

3. Wie lautet dein Satz: Kirchen sind für mich …?

Wer schon bei unseren Glaubensantworten durch die Zähne gezogen hat, weil er nicht fassen kann, wie wenig Glaubensbasis er bei jungen Christen unterm Strich noch erkennen kann, der wird jetzt Zahnschmerzen bekommen. Kirchen sind einfach nicht unser Ding. Bei der Formulierung der Frage waren wir ausgefuchst. Wir baten darum, den Satz zu vervollständigen: „Kirchen sind für mich …“ Woran denken da die Leute? An die Bauten? An die Institutionen? Und was verbinden sie damit? Drei Fragen steckten in dieser einen. Umso überraschender, wie einhellig die Meinungen sind. Also, die drei Meinungen, die es zu diesem Thema gibt. Sie werden jeweils von vielen vertreten.

Zwei Drittel der Antwortenden dachte bei „Kirchen“ an Gebäude. Und als Gebäude finden wir Kirchen noch ganz gut. Wir verbinden damit Inspiration, tolle Baukunst, gute Musik, Tradition und fühlen uns wohl. Maren aus Hannover schreibt, Kirchen seien „großartige, durchbetete Orte, an denen man still-staunend den Duft von altem Holz, Kerzenwachs und Resten von Weihrauch einatmen kann.“ Einer fand die Orgel darin gut. Echt. Für zwei ist das Gebäude ein heiliger Ort. Neun begegnen in Kirchen Gott. Für Daniel aus Essen sind Kirchen „ein Dach für die Seele. Eine Tür in den Glauben und die Gemeinschaft. ‚Not a hotel for saints, but a hospital for sinners.‘“ Liest man nur diese positiven Äußerungen, kann man den Eindruck bekommen, wir kämen regelrecht ins Schwärmen. Es klingt wie eine einzige Liebeserklärung an die alten Kirchenschiffe. Für Pfarrer Carsten, 34, sind es „Orte, die Leben aufsaugen, ausdünsten, verschönern, orientieren.“

Nur wenig Kritisches wird zum Gebäude gesagt. Zehn monieren den Staub, finden sie zu wenig attraktiv, langweilig, kalt, bezeichnen sie als „leere Hüllen“ oder „Finanzlöcher“. Ein 32-jähriger Elektriker findet Kirchen „kalt, hässlich, langweilig.“ Sie würden nicht „zum Verweilen einladen“ und „nach alten Menschen riechen“. Ein 30-jähriger Ingenieur aus dem Ruhrgebiet bedauert die womöglich ungünstige Wirkung des Ortes: Kirchen seien „häufig alte, verstaubte Gebäude, in denen sich Gemeinden treffen, die leider ihren Kirchen immer ähnlicher werden.“

Dass man in diesem Gebäude anderen Menschen begegnet, das verbinden zehn mit dem Wort „Kirchen“. Einige Male fällt das etwas altertümliche Wort „Versammlungsraum“. Elf Antwortende denken gleich an Gemeinschaft und gar nicht erst an Bauten. Sarah, 28, löst die Finte in unserer Frage und meint, Kirchen im Plural seien Gebäude, „Kirche hingegen ist lebendige Gemeinschaft, vital und noch lange nicht ausgestorben.“ Für Annika aus Erfurt bildet die kirchliche Gemeinschaft eine Art Dach, denn Kirchen sind für sie „viele Menschen, die sich gegenseitig nicht im Regen stehen lassen.“ Eine 29-jährige Person findet, die Gemeinschaft „sollte poppiger werden“.

Aber so richtig gut finden wir Kirchen offenbar erst, wenn wir darin allein sein können und unsere Ruhe haben – kein anderes Charakteristikum wurde so oft erwähnt: 17 Mal. Die am meisten anziehende Wirkung scheint Kirche auf uns zu haben, wenn sie schweigt.

Wenn es um die Institution geht, wird der Ton scharf. Insgesamt 24 Antwortende äußerten sich zu ihr. Da liest man nicht nur Abneigung oder Kritik. Da klingt schon eher Enttäuschung und schwere Verletzung in den Formulierungen an, eine tiefe Emotionalität, die schmerzt: Kirchen seien „mächtige, selbstgefällige Behörden, in denen – je höher die Etage – kleingeistige, spießige, intolerante Menschen daran ‚arbeiten', ihren Bestand zu sichern", meint Michaela. Dass sie als lahm, unnötig, unglaubwürdig, zu liberal oder zu eng bezeichnet werden, nimmt sich dagegen harmlos aus. Vorwürfe fallen: Kirchen seien „nicht selten schöne Orte, an denen leider viel zu selten heutige Lebens- und Glaubenswirklichkeit ernst genommen wird." Tina, 34, klingt bitter, wenn sie schreibt, Kirchen seien „furchtbare Institutionen, die furchtbare Morde sowie Kriege auf dem Gewissen haben und bis heute Menschen mit irrationalen Weltanschauungen diskriminieren, verunsichern, bevormunden, unterdrücken und ausbeuten; sinnlose Institutionen, über die man lachen sollte und auch könnte, wenn wir in einem säkularen Staat leben würden."

Es gibt nur drei Würdigungen der Institution: als Arbeitgeber und auch als Möglichkeit, Gott zu begegnen. Manche haben Kirche einfach abgehakt: als „christliche Relikte aus vergangener Zeit", „dem Untergang geweiht".

Elf Teilnehmende erleben genau das Gegenteil. Sie fühlen sich der Kirche sehr verbunden. Um das auszudrücken, benötigen sie in ihren Antworten fast alle nur ein einziges Wort: Für sie ist Kirche „Heimat" oder „Zuhause". Samuel, 27, kennt Kirche als „Ort, mit dem ich aufgewachsen und in dem ich verwurzelt bin." Für die Vikarin Vera ist Kirche „überall ein Stück Zuhause." Die das Gebäude wertschätzen oder die Institution nicht mögen, brauchen viele Worte. Mit dem Wort Heimat ist dagegen vieles gesagt.

Doch auch eine theologische Antwort auf die Frage geben einige, zum Beispiel Lena, 32: „DIE Kirche ist der Leib Christi, soll ihn spiegeln und das Bodenpersonal Gottes sein." Und Kilian, 26, abstrakter, aber wir vermuten, mit ähnlicher Stoßrichtung: „Die Kirche Jesu Christi gibt es nur im Singular." Dass Gott einen Auftrag für die Kirche hat, sehen einige. Die wohl versöhnlichste Antwort geben die, die Kirchen „reformbedürftig“ finden. Zumindest bei Protestanten entspricht der Reformbedarf ihrem Selbstverständnis, wird seit Luthers Zeiten zumindest theoretisch bejaht. Nur Freikirchler werden sich kaum angesprochen fühlen, da sie meist weder die imposanten Gebäude noch überkommene Institutionen verwalten.

4. Wenn dein Glaube für dich Beziehung sein sollte, wie pflegst du sie?

Wir lagen richtig mit unserer Frage: Für fast alle Teilnehmerinnen und Teilnehmer ist die Beziehung ein plausibles Bild für ihren Glauben. Nur wenige scheren aus und verneinen unsere Fragestellung. Thomas aus Hamburg ist einer von ihnen: „Glaube ist nicht Beziehung.“ Leider lässt er im Dunkeln, was Glaube für ihn dann bedeutet und wie er ihn hegt und pflegt. 20 Mal ist von „beten“, 23 Mal von „Gebet“, 13 Mal von „Gespräch“ die Rede, 14 „reden“ mit Gott, fünf tauschen sich aus. Zusammengenommen pflegt somit etwa die Hälfte den Glauben sprachlich. So hat es auch die Kirchenmitgliedschaftsuntersuchung der EKD aus dem Jahr 2014 ergeben. Manche kommunizieren laut, manche leise, aber alle mit Worten. Tanja aus Euskirchen schreibt: „Im regelmäßigen Gebet und manchmal, wenn ich sprachlos bin, reicht auch nur da sein“. Oder Tobias aus Berlin: „Wir unternehmen viel, quatschen, hören einander zu, weinen gemeinsam, vergeben, feiern, stehen uns bei und versuchen zusammen zu bleiben – bis zum Tod.“ Jeder Beziehungsratgeber, der auf Kommunikation setzt, wäre begeistert.

Die Gespräche finden in Kirchen statt, unter der Dusche, beim Fahrradfahren, alleine, in Gemeinschaft. Manche erleben die Beziehungspflege als Arbeit, durchaus auch als Bürde, der sie oft nur mit schlechtem Gewissen nachkommen: „Ich muss mich oft selbst disziplinieren, besser gesagt, mich daran erin-

nern, dass nicht ich es bin, der was aus mir gemacht hat. Und oft ist diese Dankbarkeit die beste Basis für den Wiedereinstieg, diese Beziehung wertzuschätzen, wenn sie mal wieder (von meiner Seite) zu sehr in Vergessenheit zu geraten droht", schreibt etwa Jens aus Riesa. Andere fühlen sich durch das Beten gestärkt, wie Sarah: „Ich bete zu Gott und ziehe daraus Kraft, für andere da zu sein." Einige greifen das Bild auf und mischen es mit ganz irdischen Vorstellungen von Beziehung. Lea schreibt etwa: „Ich gebe uns gerade eine zweite Chance." Anonym schreibt jemand: „Ist wohl eine Fernbeziehung, die ich ab und zu auf Facebook stalke." Als Beziehungsstatus im sozialen Netzwerk würde jetzt womöglich stehen: „Es ist kompliziert." Auch das Smartphone spielt in der Beziehungspflege eine Rolle. Miriam, eine Ärztin, holt sich „Input durch Apps". Welche, verrät sie uns leider nicht. Tinder? Oder doch eher das Stundenbuch? Vielleicht wäre es Zeit für eine Rankinglist: „Die zehn besten Apps für deinen Glauben. Bei der siebten wirst du weinen."

Viele lesen in der Bibel, einige singen, Anna aus Berlin pflegt ihre Beziehung durch ihr Ehrenamt. Sie geht zwar auch in den Gottesdienst, doch ihre Beziehung zum christlichen Gott kommt auch indirekt zum Tragen, wenn sie mit anderen Menschen zu schaffen hat. Auch einer 28-jährigen Lehrerin geht es so und eine weitere anonyme Lehrerin schreibt: „Ich gebe den Glauben an meine Schüler weiter". Vereinzelt finden sich meditative Formen unter den Beiträgen. Katharina etwa besucht regelmäßig eine Taizé-Andacht. Christopher aus Paderborn pflegt die Beziehung „staunend". Martina aus München hebt eine Besonderheit hervor, die sie nur in ihrer Glaubensbeziehung erlebt: „Wie alle Beziehungen pflege ich auch meinen Glauben nur nachlässig. Aber es ist die einzige Beziehung, in der ich ganz klein und schwach werden kann, ganz ohne Gedanken daran, was diese Schwäche wohl bewirken könnte."

5. Wie lässt sich „nur noch kurz die Welt retten"?

Wir hatten in der Umfrage keine Anführungszeichen in die Frage gesetzt. Die Formulierung war natürlich nicht unser Ernst. Sie war ein Zitat beziehungsweise der Titel eines Songs von Singer-Songwriter Tim Bendzko, der 2011 in Dauerschleife durch die Radiosender nudelte. Mindestens einer hat's ganz offensichtlich auch ohne Anführungszeichen erkannt und fand's witzig: „148.000 Mails checken :)" Ihm verdanken war das einzige Emoticon in unseren Antworten. Wir dachten, eine so offensichtlich nicht ganz ernst gemeinte Frage würde vielleicht die Fantasie beflügeln. Doch 20 Leute nutzten unsere Steilvorlage, um abzuschmettern: „Gar nicht" ist nicht nur die nüchternste, sondern auch die zweithäufigste Antwort. Ihre Welt darf kommentarlos untergehen. Wir lesen aus diesen zwei unkommentiert getippten Worten eine gewisse Kälte, die uns betroffen macht. „Wohl schlecht", „schon verloren" und „das ist eine Überforderung" sind Variationen dieser Antwort. Automobilkaufmann Maximilian schreibt schlicht: „Für diese Aufgabe ist der Mensch allein zu klein." Und eine Person, 31, die anonym bleibt, weiß Gründe dafür: „Dazu ist der Mensch zu sehr auf sich selbst fixiert & seine Vorteile."

Adrienne aus Leipzig engagiert sich nicht kurz, sondern täglich: „Ich rette die Welt jeden Tag, indem ich selbst die Dinge ändere, die mir nicht passen." Immerhin zwölf Leute meinen, es gehe nicht, ohne dass wir etwas dafür tun. Nein, eigentlich sagen sie eher, wir könnten oder müssten ein bisschen was tun, auch wenn das nicht viel ausrichtet. Retten – und das ist ein ziemlich einhelliger Grundtenor – kann sie nur Gott (explizit wird er zwölf Mal genannt, implizit öfter). Einer sagt den dogmatischen, aber angesichts der weltweiten Situation für uns auch etwas zynisch klingenden Satz: „Die Welt wurde schon gerettet." Und meint, wir hielten uns für zu wichtig.

Positiv kann man feststellen: Wir machen uns keine Illusionen angesichts der Lage der Welt. Eine 32-jährige Jugendreferentin seufzt förmlich: „Das wüsste ich auch gerne! Manchmal verzweifle ich fast über all den Terror, den Hass und die Gewalt. Wie kann Gott das alles mitansehen?“ Niemand stellt infrage, dass die Welt am Abgrund steht – für niemanden von uns ist alles gerade gut so, wie es ist. Die Antworten sind ernst. Keiner schlägt vor, in Supermann-Kostüme zu schlüpfen, 99 Luftballons zu verteilen oder in Raumschiffe zu steigen. Niemand meint, es wird schon werden, wir könnten so weiter machen wie bisher. Und es fragt auch niemand zurück: Retten wovor? Der Zustand der Welt und das Erbe, das wir unseren eigenen Kindern bereiten werden, steht uns schwarz genug vor Augen. Dass die Welt in irgendeiner Weise Erlösung braucht, wissen auch die Atheisten. Nur Linguistin Tina beweist Humor auf unsere Frage hin: „Warum ‚kurz‘? Ich hab doch mein ganzes Leben Zeit, die Welt zu retten ...“

Aber so richtig in die Puschen kommen wir bei dem Thema nicht. Radikal klingt nur die „Umkehr“, die sechs Leute für eine Lösung halten. Das ist nun ein abstraktes Wort, meint die Umkehr zu Gott. Aber wenn dann noch mehr Leute auf Gebet setzen, wie es jetzt vier tun, ist dann wirklich etwas erreicht? Oder wenigstens ein kleiner Schritt getan, wie es fünf Leute empfehlen? Ist die Lösung „aufhören so zu tun, als könnten wir‘s“, wie der Gemeindereferent Tobias meint? Große Forderungen, erst recht an alle, sind jedenfalls nicht unser Ding. Ein „Fan der Eucharistie“, 28, sieht für die Weltrettung genug getan, „indem jeder Mensch sich zumindest einmal zu etwas überwindet, was er eigentlich nicht tun würde.“ Ehe wir die Generation Weltretter werden, muss uns noch jemand wachküssen.

Uns fallen ein paar abstrakte Worte auf, die zum Teil mehrfach genannt werden: Empathie, Fairness (2), Loyalität (2), Ver-

trauen (4), Glaube, Respekt, Hoffnung (3), Gewissheit, Freude, Versöhnung (immerhin 2), Verständnis, Rücksicht und Verantwortung. Elf Mal steht da das Wort Toleranz. Jemand, 31, schreibt: „Jeder sollte seine Mitmenschen als die Menschen annehmen, die sie sind – jenseits von Forderungen, gesellschaftlichen Erwartungen oder Vorurteilen.“ Damit ist die Toleranz die zweitlauteste Forderung vom christlichen Teil der Generation Y an die Welt. Ein paar praktische Tipps gibt es auch: Wir sollten mehr zuhören (4), Türen öffnen, kleine Schritte gehen (6), Waffen schweigen lassen, weniger konsumieren. Nele, 26, rät: „I guess you'll have to ask the doctor“, und Katharina übt sich in: „Fahrrad fahren, Menschen lieben, regional einkaufen und die Hoffnung nicht aufgeben, dass die Städte eines Tages mal ganz ohne Autos auskommen, Flüchtlinge aufnehmen.“

Das ist alles nicht falsch, vieles sogar erfreulich fromm. Aber hört man einmal selbstkritisch hin, klingt es auch ziemlich wohlstandsgesättigt. Müssten hier neben der Umkehr nicht so Sachen stehen wie: radikaler Lebenswandel? Teilen, teilen, teilen – neben zuhören und lieben? Fehlen unter den großen Worten nicht Themen wie Nachhaltigkeit, Achtsamkeit, Information, Nachdenken, Verändern, Solidarität? Und unter den praktischen Tipps: wiederverwerten, bewusste Kaufentscheidungen, um ein Modewort zu bringen: upcyceln, old school: Energie sparen, CO_2-Verbrauch senken, privat und beruflich? Bleiben wir in allgemeinen Begriffen hängen, um uns nicht selbst infrage zu stellen? Man kann sich wirklich schlecht des Eindrucks erwehren, dass wir Christen unserer Generation das Problem vergeistlichen, „tja“ sagen und uns in keiner Verantwortung sehen – jedenfalls in keiner, die große Schritte provozieren würde.

Was machen die 20 Leute, die die Welt für nicht mehr zu retten halten? Lehnen die sich zurück? Ein Teil davon betrachtet es als Gottes Job. Womit wir wieder beim Lückenbüßer wären, der einspringt, wenn sonst nichts hilft. Da fragen wir uns, wofür er seine Menschen eigentlich geschaffen hat – etwa nicht, um mit ihnen gemeinsam was zu rocken? Sondern um die Welt vor die Hunde gehen zu lassen? Und dann als der Übersuperheld alles wieder gut zu machen? Hat Jesus nicht gezeigt, dass man schon in diesem Leben radikal einen Unterschied machen kann? Das Kreuz ist zwar seine grundsätzlichste (und großartigste), aber doch nicht seine einzige Botschaft an die Welt, oder?

Fairerweise sei erwähnt, dass es einige gibt, die das zusammendenken können: Es ist nichts zu retten, wir können trotzdem etwas tun, im Vertrauen, dass Gott es am Ende reißen wird. So meint etwa Cosima aus Baunatal, die Welt ließe sich retten „mit Gebet – und dem Glauben, dass man Berge versetzen kann, wenn man Gott was zutraut."

Wahrscheinlich würden einige sagen, die Frage sei völlig falsch gestellt. Auf die könne man eigentlich nur Nein sagen, auch wenn man alles ernst nimmt, viel hofft und viel tut. Aber mal ehrlich: Niemand spinnt die große Weltrevolution? Nur einer reißt alle Grenzen ein? Niemand stillt den großen Hunger? Nur eine will mehr Bildung? Niemand reist mit einer großen Friedens- und Versöhnungskommission um die Welt? Niemand organisiert den globalen Protest? Oder, okay: Niemand evangelisiert die UN-Vollversammlung? Hängt uns die uralte Gewerkschaftsforderung so sehr zu den Ohren raus, dass wir für „faire Löhne" auf der ganzen Welt nicht den Mund aufmachen? Und regt niemanden auf, dass Nutella erst auf Proteste hin ohne Kinderarbeit auskommen will? Dass Menschenrechte in vielen Ländern nur auf dem Papier gelten, liegt oft auch an globalen Abhängigkeiten – also auch an uns. Es ist nicht nur die Art und Weise, wie wir die Frage gestellt haben, die einer mutigen Antwort noch im Weg steht.

Die häufigste Antwort fiel 26 Mal: „durch Nächstenliebe". Wir stehen total auf das höchste Gebot. Wir halten Liebe für die Rettung. Das Gute daran ist, dass Gott und Mensch gleichermaßen beteiligt sind und wir uns nicht rausrechnen können aus dem Erlösungsgeschehen. Liebe lässt sich nicht verteilen, die fordert echten Einsatz. Ein flaues Gefühl bei allem, was sich in dieser Welt tun lässt, beschreibt demnach Hanna aus Göttingen: „Das ist ja das Frustrierende: das Gefühl, fairen Kaffee zu kaufen und Strom zu sparen, ist noch nicht mal ein Tropfen auf den heißen Stein. Kurz: Die Welt retten, heißt für mich zu versuchen, immer ganz Mensch zu sein, Nachbarin, Busfahrer, Polizistin, Eltern, Freunden, Obdachlosen, Kellnern mit Herzlichkeit und Geduld begegnen." Liebe schließt keinen aus. Und sie fordert jeden ganz. Wenn wir unter unseren Nächsten auch die verstehen, die unsere T-Shirts nähen, wegen unserer Fischtrawler nicht mehr vom Fischfang leben können, unsere Kaffeebohnen ernten oder die, deren Heimat wegen unseres CO_2-Ausstoßes bald absäuft, hören wir auf zu meckern. So süßlich „Nächstenliebe" einerseits auch klingt, ist sie womöglich trotzdem die kürzeste sinnvolle Antwort auf unsere Frage und vielleicht sogar Herausforderung und Revolution genug. Dennoch stellen wir die Gegenfrage der Münchnerin Martina an dieser Stelle noch zur Diskussion: „Was antworten Menschen aus Afrika oder Indien auf die Frage?"

6. Sonntagsgottesdienst, Krippenspiel, Osterfeuer … welches christliche Ritual gehört für dich unbedingt zum Leben dazu?

Der Gottesdienst gehört zum Leben. So sieht es etwa die Hälfte unserer Umfrageteilnehmerinnen und -teilnehmer. Mehr oder weniger regelmäßig besuchen sie einen Gottesdienst. Die meisten sonntags, manche auch an anderen Tagen. Damit gehören sie zu den circa viereinhalb Millionen, die laut der Evan-

gelischen Kirche in Deutschland und der Deutschen Bischofskonferenz jeden Sonntag in einer Kirche sitzen und diesem alten Ritual huldigen, das schon die junge Christengemeinde biblischer Zeit beging und das über die Jahrhunderte zu seiner heutigen und vielgestaltigen liturgischen Form gefunden hat. „Ich liebe liturgisch achtsame Gottesdienste und schlaue und witzige Predigten. Das dürfte ruhig häufiger dazu gehören. Ich möchte viel häufiger Abendmahl feiern. Ich mag Gottesdienste am Abend oder am ganz frühen Morgen, wenn man mit den Elementen mitgeht. Und ich bin immer noch dabei, den alten Adam zu ersaufen", schreibt dazu Philip aus Halle an der Saale. Gesamtgesellschaftlich gehören sie zu einer Minderheit: 22 Prozent gehen laut Religionsmonitor in Westdeutschland, zwölf in Ostdeutschland mehr als einmal im Monat in den Gottesdienst.

Wenig überraschend gehört auch Weihnachten zu den meistgenannten Ritualen, dicht gefolgt von Ostern. Katharina aus Leipzig schreibt: „Sonntagsgottesdienst hin und wieder, aber an Ostern und Weihnachten definitiv." Unsere Frage hat einige offenbar auf eine Fährte gelockt: Zwölf Teilnehmerinnen und Teilnehmer gaben an, das Osterfeuer besonders zu schätzen. Marit aus Greifswald schreibt sogar: „Das Osterfeuer gehört für mich sogar mehr dazu als Weihnachten, denn dort sind nur die, die wirklich in den Gottesdienst wollen." Auch die Fastenzeit, der Gründonnerstag und der Karfreitag werden mehrmals genannt. Fünf geben an, dass ihnen das Kirchenjahr hilft, sich im Jahr orientieren zu können. Tina, die uns ihre Herkunft nicht verrät, braucht kein Ritual, gibt aber zu: „Wenn ich in einem säkularen Staat leben würde, gäbe es vielleicht weniger gesetzliche Feiertage. Das wäre schade, denn Gratisurlaubstage sind immer gut!" Wer würde ihr da nicht zustimmen?

Ohne Ritual kommen insgesamt zehn Prozent aus, etwa genauso viele wie es Liebhaber von Abendmahl oder Eucharistie unter unseren Probanden gibt. Ein 25-jähriger Student aus Hamburg schreibt: „Das Abendmahl als die (in meinen Augen) beste Erinnerung an Gottes Liebe." Weitere 13 geben an, besonders gerne zu singen, um Gott mit Klang zu begegnen. „Lieder singen und dabei Gott begegnen", schreibt Samuel aus Lorch. Dazu passt die Gemeinschaft gut, die immerhin fünf Mal als Ritual genannt wird. Auch Hauskreise und andere regelmäßige Treffen in Kleingruppen sind manchen eine regelmäßige Gewohnheit.

Zudem kommen unter den Ritualen Feste vor, die keinen festen Platz im Kirchenjahr haben: Taufen, Konfirmationen und Firmungen, Hochzeiten, Beerdigungen – die wichtigen Kasualhandlungen der Kirchen also. Genannt werden vereinzelt auch weniger populäre kirchliche Festtage: Pfingsten, Totensonntag, Neujahr und Erntedank sowie ganz individuelle Rituale: „‚Der Mond ist aufgegangen' am Kinderbett", wie Carsten aus Moers schreibt. Oder das Tischgebet, das immerhin vier Teilnehmerinnen und Teilnehmern bei unserer Frage einfällt. Eine davon ist Heidrun, die in Pretoria in Südafrika lebt. Sie schreibt: „Wenn wir als Familie zusammen essen, wird vorher immer ein Dankgebet gesprochen oder gesungen. Wenn die Kleinsten dabei sind, freuen sie sich immer, für die Familie beten zu dürfen. Dann wird mit ganzem Herzen und besonderer Betonung zum Beispiel ‚Alle guten Gaben, alles' was wir haben, kommt, oh Gott, von *dir*, dank sei dir dafüüüür. AMEN!' gesungen, oder es heißt: ‚Danke, lieber Gott, dass du uns lieb hast, und bitteschön, dass wir zu dich beten' (Thomas, drei Jahre)."

Einzelnen ist das Glaubensbekenntnis ein eigenes Ritual oder der morgendliche Vers aus der Tageslosung, der wöchentliche Ruhetag und das Schweigen, die Gräbersegnung und die Friedensdekade. Jens, der ursprünglich aus dem sächsischen Riesa kommt, schreibt: „Ähnlich wie die Kirchen sind die Rituale für mich ein schöner Rahmen, aber eben nicht unbedingt die Orte/Veranstaltungen, wo christliches *Leben* stattfindet. Früher sicher mal, ja. Aber Rituale haben eben immer auch etwas von Festhalten an fremd Gewordenem. Gerade weil das christliche Leben, die wahren Herausforderungen im Alltag, der Diskurs – alles, was dazugehört – nicht im Altarraum zwischen lustigen Hirten, etwas hölzern vorgetragenen Texten und selbstgebauten Kulissen stattfindet. Vielmehr draußen in der Realität, der Nachbarschaft, in unseren Lebenszusammenhängen. Aber vielleicht ist mir auch zu sehr der Romantiker abhanden gekommen. Passiert wahrscheinlich mit den Jahren in der Großstadt." Und auch Jonte (siehe ausführliches Porträt) zieht den Alltag, die Zeit zwischen den Ritualen, vor: „Gebet. Liturgie. Dialog. Essen & Trinken. Denken & Tun. Arbeiten, Ausruhen & Feiern. Also mehr Alltag als Sonntag. Mehr Beziehung als Event."

Yeah we sell we sell we sell
We preach heaven but maintain hell
We supply conflicts worldwide
Don't give a shit act like we're blind, singing
Hallelujah we're the blessed
Yeah we grow
We're getting fat we're getting old
We consume our slaves to death
Sing "Hallelujah we're the blessed"
Hallelujah we're the blessed
Oh my dear ain't we superior?
Hallelujah we're the blessed

SEPTEMBER LEAVES

KURZPORTRÄT

Abgründig und versponnen klingen September Leaves. Aber auch süß und anschmiegsam. Zwei Multitalente aus Berlin stecken hinter diesem Stimmungs-Flickenteppich und dem herbstlichen Pseudonym. Elektrische Gitarre, Piano und Koffer-Schlagzeug sind die Grundelemente, auf die Gerd und Uta in einer Ladenwohnung in Berlin-Kreuzberg ihren einprägsamen Pop aufbauen. Durchzogen von charmanten Ecken und Kanten schreinern sie gekonnt sphärische Geigen und Trompeten in das lebendige Konstrukt. Und plötzlich fängt das Ganze an zu tanzen. Und nachzudenken. Über Gott und die Menschen. Und Fragen zu stellen. An eine vertraute Idee.

Die Porträts

Die Umfrage war super. Und sie machte neugierig. Wir wollten gerne noch tiefer einsteigen ins Gespräch, nachfragen und besser verstehen. Dafür haben wir Leute gesucht, die zusammen ein möglichst umfassendes Bild vom Glauben unserer Generation geben konnten. Wir brauchten also Kriterien: Die Geschlechter sollten gleichmäßig vertreten sein, Deutschland Nord, Ost, West und Süd, verschiedene Berufe, möglichst auch verschiedene Ausbildungswege, unterschiedliche Konfessionen, unterschiedliche Gemeindenähe, die sogenannten Ränder und die sogenannte Mitte, Singles und Leute mit Kindern, Jüngere und Ältere, und unsere Themen aus der Umfrage sollten auch weitgefächert vorkommen. Wir suchten Leute, die auf unterschiedliche Weise ihren Glauben mit ihrem Alltag verbinden. Auf manche sind wir durch die Umfrage aufmerksam geworden, andere kannten wir über einige Ecken und dann haben wir noch Leute empfohlen bekommen. Auf eine kamen wir spontan: Elena hat Stephanie bei der Suche nach einem Sofa in den Ebay-Kleinanzeigen kennengelernt.

Wir haben Themen zusammengestellt, die wir zum Leitfaden für unsere Gespräche gemacht haben. Wichtig war uns die

Geschichte der Porträtierten, was sie geprägt hat und wie sich ihr Glaube entwickelte. Unter anderem haben wir alle gefragt, was ihnen die Bibel, was die Gemeinde bedeutet, welche Rolle Vater, Sohn oder Heiliger Geist in ihrem Leben spielen und wie sich ihr Glaube mit ihrem Alltag verbindet, wie sie das erleben. Wenn es möglich war, haben wir uns mit den Leuten getroffen, ansonsten telefoniert. Kein Witz: Hannes war zufällig in Rom und konnte dort Alina treffen. In den Porträts, die aus den Gesprächen entstanden sind, kommen nicht immer alle Themen vor. Hier ging es uns vor allem darum, die Persönlichkeiten darzustellen und ihr Besonderes.

Verblüfft haben uns wieder Gemeinsamkeiten. Fast jede und jeder unserer Interviewten befand sich gerade in einem Übergang: Jonte in Elternzeit, Alina neu in Rom, Elena wechselte ihre Gemeinde, Ralf stand kurz vor seinem Umzug nach Potsdam, Salama hatte überhaupt soeben erst einen Aufenthaltstitel bekommen und sich seine Wohnung in Deutschland eingerichtet, Stefanie hatte ihre neue Stelle in Berlin angetreten. Und andere Akteure dieses Buches sind davon nicht ausgenommen: Steffi, unsere Fotografin, hat ihr Praktikum bei Constantin Films gerade verlängert, Hannes ist von Wuppertal nach Essen und dann nach Berlin umgezogen und Stephanie hat (noch) ein Kind bekommen. Wow! So viel Bewegung und Neuanfang hatten wir nicht erwartet. Schwarz auf weiß liest sich das beeindruckender, als es im Erleben wirkt. Das hält uns in Atem: Wir finden uns in neue Lebenssituationen ein, immer und immer wieder, vielleicht im Lauf des Lebens in immer größeren Abständen, aber spätestens beim Einstieg in den Beruf oder wenn wir tatsächlich eine Familie gründen ganz grundsätzlich. Dass wir scheinbar so wenig festgelegt sind, ist vielleicht weniger typisch für unsere Generation, als für unseren Lebensabschnitt.

Eins ist uns im Nachhinein ganz schön peinlich: Als wir die Umfrageteilnehmerinnen und -teilnehmer durchgegangen sind und überlegt haben, wen wir für ein Interview anfragen wollen, haben wir die gängigen Schubladen aufgemacht und die Leute einsortiert. Wir wollten aus einer breiten Palette auswählen können, damit ein möglichst vielfältiges Bild entsteht. Eine Konservative sollte dabei sein, eine Linke, ein Künstler, ein Migrant. Aber unsere Protagonisten haben unsere Schubladen gesprengt. Es geht ihnen nicht darum, einer bestimmten Partei, einem Lager anzugehören, geschweige denn ein Klischee zu erfüllen. Wenn sie konservative Züge tragen, dann aus Überzeugung. Und sehr wohl im Bewusstsein der Alternativen. Wenn sie einem Klischee entsprechen, dann ist das eher ein Versehen. Sie neigen nicht dazu, ihre Haltungen zu rechtfertigen, die nehmen sie recht selbstbewusst ein. Aber die Optik dieser Haltungen, das Klischee, die Schublade – die machten einigen zu schaffen. Sie wollen mit ihren Haltungen keine neuen Grenzen ziehen. Und es war fast allen wichtig, das zu betonen.

Unter unseren Porträtierten könnten mehr Protestanten sein und wenigstens eine genuin ostdeutsche Biografie hätte auch dazu gehört. Hier gingen unsere Anfragen ins Leere. Fotografin Steffi Kunze, Autorin Stephanie Schwenkenbecher, Netzwerke und Umfrageteilnehmer und -teilnehmerinnen gleichen das ein bisschen aus.

Jonte, 28, in Neubrandenburg

„Eine Egal-Haltung wäre fatal."

Es gab zwei Schuljahre, da hat Jonte Schlagner dem Tag mit gemischten Gefühlen entgegengesehen. An seiner Schulbank neben ihm saß ein Neonazi. Jonte hat sich keinen anderen Platz gesucht, manchmal musste er viel aushalten. Irgendwann hat es auch dem Lehrerkollegium gereicht. Sein Banknachbar sollte unter vorgeschobenen Gründen von der Schule geworfen werden. Das fand Jonte ungerecht. „Wenn sie ihn schon von der Schule werfen, dann sollen sie auch sagen, warum." Also setzte er sich für diesen Nachbarn ein, sprach sich dafür aus, dass er auf der Schule bleiben kann. Dabei regen ihn Nazis total auf – weniger als Menschen, mehr mit dem, was sie tun. Aber sich aufzuregen, heißt für Jonte nicht, den Kopf zu verlieren. Die Abneigung habe ihm nicht den Blick getrübt auf sein „eigenes Verhältnis zu dem Typen als einem Nachbarn". Jonte kann sich leidenschaftlich aufregen und dabei total gelassen bleiben.

Er ist gerade in Elternzeit, als ich ihn anrufe. Sohn Pepe ist 13 Monate alt und Jonte hat vor, viel mit ihm Rad zu fahren, ins Grüne. „Es ist geiler mit meinem Sohn was zu machen, als zu arbeiten." Das klingt hedonistisch bis egoistisch, aber in Jontes Fall passen Unternehmungen mit seinem Sohn gut zu seiner Arbeit. Denn Jonte wohnt auf seiner Arbeitsstelle. Die Menschen, für die er da ist, sind seine Nachbarn auf dem Datzeberg, einem Stadtteil von Neubrandenburg in Mecklenburg-Vorpommern. Auf dem Datzeberg leben viele Familien, zum Teil sehr junge, zum Teil mit sehr vielen Kindern, in dritter Generation arbeitslos, Mehrfach-Patchwork, jugendamtsbetreut. Der Zustand ihrer Zähne spiegelt oft den Zustand ihres Lebens: schmerzend, unschön und zuwendungsbedürftig. Jontes Job ist sein Alltag. Seine Familie ist Teil von *polylux,* einer Lebensgemeinschaft aus mehreren Familien, die extra auf den Datzeberg gezogen sind. Sie sind ein Verein, finanzieren sich durch ihre eigene Erwerbsarbeit und Spenden. Funktionierende Beziehungen zu erleben, mit offenen Türen, das ist hier eine Nachricht aus einer anderen Welt, eine gute Nachricht. Auf diese Weise bringt *polylux* viel Licht – so meint es der Name, der den DDR-Begriff für Overheadprojektor aufnimmt – ins Grau. Die Motivation dafür sei Gottes Art, sich Menschen zuzuwenden, erzählt Jonte.

Jontes Wohnzimmer erinnert sehr an Wohnungen junger Leute im Ruhrgebiet. Zwar ist es geschnitten wie jedes Wohnzimmer in einer ostdeutschen Platte. Aber in diesem 50er-60er-Jahre-Retrostil gemischt mit Ikea und Recyceltem fällt das fast nicht auf: Am riesigen Esstisch steht eine Reihe Kinosessel zum Runterklappen, roter Plüsch. Im Flur ist die Tapete bis zu halber Höhe entfernt und Graubeton offengelegt. Jonte stellt über seinem Sofa gerahmt seine CD-Sammlung aus. Sieht cool und gemütlich aus. Die Möbel stammen tatsächlich zum Teil von einem Essener Dachboden. Ostdeutsche Second-Hand-Möbel sähen anders aus.

Nach Neubrandenburg hat es Jonte erst vor ein paar Jahren verschlagen. Er ist 1987 in Werdohl im Osten des Sauerlands geboren: „Voll hässlich, aber cool. Gibt geile türkische Läden da." Von der Brüdergemeinde seiner Eltern, einem Wiedenester Gründungsprojekt, das sein Vater leitet, bis zu *polylux* in Neubrandenburg hat er aber vor allem innerlich eine weite Reise gemacht. „Ich wüsste nicht, ob ich zurückgehen würde. Ich denke und ticke anders inzwischen." Besonders prägend waren seine Jahre am Marburger Bibelseminar. Tobias Faix war dort sein Mentor und Jonte klingt ein bisschen stolz, als er das erzählt. Er habe „einen Gott der Weite" kennengelernt. „Früher dachte ich, wenn ich die Leute nicht bekehre, dann kommen die alle in die Hölle." Dann lernte er in Marburg den Gedanken der *Missio Dei* kennen – wörtlich: Gottes Sendung. Diese Missionstheorie betont, dass sich Christen in allen Lebensbereichen in Gottes Handeln mit hineinnehmen lassen. Jontes Missionsverständnis und sein Christsein seien viel ganzheitlicher geworden. Beides habe mit seinem ganzen Leben zu tun: „Ich kann jetzt einfach ich sein und trotzdem dafür brennen, dass die Leute Gott kennen lernen." Am Schreibtisch hat Jonte sich das nicht eingebläut: Er hatte eine Dreierschaft, traf sich regelmäßig mit zwei anderen „Jungs". „Da haben wir schön Bierchen getrunken. Unsere Außenwirkung war nicht die beste." Aber in den Gesprächen ist er sich über vieles klar geworden. Es bricht dann förmlich aus ihm heraus: „Wir brauchen eine öffentliche Theologie, die Relevanz hat, Anschluss an unser Leben. Ich muss herausfinden, wie Glaube übersetzbar ist." Distanzieren muss er sich von der Gemeinde seiner Eltern übrigens nicht. „Ich stehe hinter der Gemeinde. Wenn ich zu Hause bin, erzähle ich von unserer Arbeit und merke, dass die Leute offener sind, als ich dachte."

Heute ist *polylux* Jontes Gemeinde. Sie unterhalten zwar auch gute Kontakte zu den benachbarten christlichen Gemeinden, vor allem den Freikirchen. Sonntags gibt es bei Schlagners aber eher Brunch mit Predigtpodcast von Freunden oder aus dem *ICF München* als einen Gottesdienstbesuch. „Mit Kind ist das super." Ob er irgendwann mal wieder ganz klassisch zu einer Gemeinde gehören möchte? Da fragt er zurück: „Na ja, was ist Gemeinde? Das klassische Bild von Gemeinde wird es immer weniger geben." Jonte stellt sich für die Zukunft eine Art „transformatorische" Gemeinde vor. In seiner Vorstellung von Gemeinde macht zum Beispiel nicht mehr der Pastor alles selbst, was wenig „gabenzentriert und wertschätzend" sei. Die Verbindlichkeit, die *polylux* als Gemeinschaft trägt, die sei ihm sehr wichtig und sehr hilfreich. Das könne man so in einer Gemeinde nicht haben. Er „erlebe mehr Sozialität als Individualität". Aber dann fügt er noch an: „Ich muss mich nicht abgrenzen von Kirche. Es gibt verschiedene Ausdrucksformen."

Die *polylux*-Community hat ihre eigenen Formen entwickelt. Jonte spricht davon, dass die Strukturen veränderbar seien und davon, dass sie „uns dienen". Dieser Gedanke ist einer von vielen, die er äußert, ohne zu erwähnen, dass er zutiefst biblisch ist. Man muss das schon selbst wissen, um es zu merken. Die Lebensgemeinschaft trifft sich unter der Woche ein paar Mal, wobei selten alle zusammen sind. Sie beten regelmäßig abends miteinander, essen gemeinsam und einmal im Monat gibt es samstags, exklusiv für die Lebensgemeinschaft, das „Herzstück", Rückzugsort und Auftankstelle. In Jontes Augen besteht eine große Verbindlichkeit bei der Teilnahme, auch wenn sie sich danach richtet, ob sie machbar ist. Ob das nicht widersprüchlich sei, hake ich nach. Sie seien Freunde und das biete Sicherheit – nämlich die, dass sie dablieben. Die Verbindlichkeit entstamme den Beziehungen und hänge nicht an der

Form. Eine leidenschaftliche Gelassenheit scheint *polylux* auszumachen. Und sie trägt: Sich auf diese Beziehungen einzulassen, bewahre ihn vor dem Burn-Out. Ohne sie sei auch seine Beziehung zu Gott „ungut“, sagt er.

Die Arbeit auf dem Datzeberg sei Beziehungsarbeit und Übersetzungsleistung. Um übersetzen zu können, müsse man die Leute verstehen. Geht das so einfach, als Wessi im Osten? Jonte fühlt sich den Leuten nah. Er ist gelernter Zerspanungsmechaniker. Das sind die, die durch Bohren, Drehen, Schleifen – „spanende“ Verfahren – sehr präzise Bauteile für alle möglichen Industriezweige herstellen. Er hat Spätschichten gemacht, bei 30 Grad an der Maschine gestanden, blöde Vorarbeiter gehabt. Obwohl „Arbeit auch richtig scheiße sein“ könne, wollte er trotzdem einen „richtigen“ Beruf. So zu leben wie heute, das war gar nicht sein Ding. Wenn man „der Pastor“ sei, würden die Leute einen auf eine bestimmte Schiene festlegen. Das sei als Christ im Beruf anders. Er kennt die Sprüche, mit denen die Leute auf der Arbeit den Tag bestreiten. In Neubrandenburg gibt es nach wie vor Werkzeugbau, aber auf dem Datzeberg sind viele arbeitslos. Und ihm fallen diejenigen auf, die arbeiten gehen, um ihr Hartz IV aufzustocken: „Das kann ich gar nicht verstehen. Es ist manchmal unverschämt, wie wenig die Leute kriegen.“ Vor allem empfindet er es als Ungerechtigkeit, dass man davon nicht leben kann. Und dass die Menschen im Viertel dadurch abgehängt sind, dass sie zum Beispiel nicht einfach so ins Kino gehen können.

Überhaupt regt Jonte einiges auf: Nazis, Pegida und allgemein „dumme Menschen, die Hass schüren – da hört es dann echt auf.“ Diejenigen, die ohnmächtig sind, regen ihn zum Handeln an, Flüchtlinge zum Beispiel. „Wenn es geht, mach ich Aktionen oder rede mit den Leuten.“ Um sich abzuregen, beschwert er sich bei Gott. Jontes Alltag ist es, die Probleme runterzubrechen und sich zu fragen, was das für das Viertel heißt beziehungsweise es einfach wahrzunehmen. Jonte sagt aber auch, dass er „sich nicht alle Themen auf den Tisch holen kann". Klimaschutz ist so ein Thema, das nicht oben auf seiner Agenda steht. Trotzdem: Er habe das im Blick, versuche, auf seinen Konsum zu achten, fair produzierte Sachen zu kaufen, regional und bio. Gelegentlich ergeben sich dadurch sogar Gespräche über das Thema. Für ihn stellt sich wieder vor allem die Frage, was das in Neubrandenburg heißt: „Wir versuchen, global zu denken, aber lokal zu handeln. Was wir erkennen, versuchen wir auch umzusetzen."

Es gibt Vorbilder für die Arbeit auf dem Datzeberg und Rückhalt. Das ist für Jonte vor allem *Anorak 21* im hessischen Wabern, südlich von Kassel, auch eine Lebensgemeinschaft. Sie machen kulturelle Arbeit mit Jugendlichen in ihrer ländlichen Umgebung, haben sich aber deutschlandweit einen Namen gemacht. Jonte hat sie im Praktikum kennengelernt. Wie seine Beziehung zu Gott anfassbar werden kann, das habe er vor allem dort gesehen. „Das war wie Nachhausekommen und ist bis heute eine extrem gute Beziehung." Was er dort erlebt hat – den Lifestyle, die Freiheit, die Liebe zu den Menschen –, „das war das, was ich gesucht hatte." Neben diesem Verein gibt es eine Reihe Persönlichkeiten, die ihn inspirieren. Er nennt Mutter Theresa, Bonhoeffer und Zinzendorf. Aber eigentlich seien es die Leute, mit denen er betet und lebt, die ihn prägen. Und eben seine theologische Ausbildung in Marburg. Vor allem sei dort sein Gottesbild ganzheitlich geworden, ausgewogen und geerdet. Dem Heiligen Geist habe er sich erst in seiner Ausbildung genähert nach einem jesuszentrierten Glauben in seiner Herkunftsgemeinde. Das Wirken des Geistes halte man dort für beschränkt auf die urchristliche Gemeinde und demnach beendet. Jonte spürte es jetzt aber, dieses Wirken des

Geistes. Er wisse, dass er durch ihn die Dinge unterscheiden kann. Charismatisch sei er aber gar nicht. Das entspreche nicht seiner Neigung zum Handfesten. Seine Beziehung zu Gott bezeichnet er als „sehr sicher, innig und bewusst: Ich habe einen ziemlich großen Glauben, der gewachsen ist."

Nach Jesus muss ich ihn extra fragen. Bei Jesus kommt er regelrecht ins Stottern, braucht erst eine Pause, ehe er über ihn spricht. Seine Antwort fällt berührend aus: „Jesus ist der geilste. *(Pause.)* Er ist der anfassbare Gott. *(Pause.)* Ich bin total fasziniert von dem Typen. Der ist für mich überall drin. Weil da alles so deutlich wird. Das ist gut für meinen Pragmatismus. Durch Jesus wird Gott eine runde Sache. Der weiß, wovon ich rede." Es ist fast ein bisschen zu nahe, ihm beim Finden seiner Worte zuzuhören, als hätte man eine zu persönliche Frage gestellt. Jonte sagt selbst schließlich: „Das ist eher so eine Liebesbeziehung." Das Gottesbild von Jonte hat einen Schwerpunkt, um den es kreist. Das ist Jesus Christus, der Mensch gewordene Gott, ein Typ, der gern mal ins Grüne ging und Fisch aß.

„Transformatorische Theologie" nennt sich das, was in Marburg unterrichtet wird. Der Grundgedanke: Theologie soll gesellschaftsrelevant sein, das Umfeld soll verändert („transformiert") werden. Wenn man Jonte zuhört, bekommt man eine Idee, was das im Alltag bedeutet. Jonte trägt nie eine Dogmatik vor sich her. Er antwortet spontan und behutsam zugleich, nichts klingt vorgefertigt, alles authentisch, manches lässt er offen, weil er damit noch nicht fertig ist. Transformation ist ein dynamischer Prozess. Fertige Antworten würden ihn nur daran hindern, sich auf seine Nachbarn einzulassen und mit ihnen gemeinsam Antworten zu finden. An die Fragen nach einer verantwortungsvollen Sexualität würde er zum Beispiel gelassener rangehen: „Das sind doch Randthemen der Theologie, die extrem an Stellenwert gewonnen haben. Sie so wichtig zu nehmen, ist neben der

Spur.“ Gleichzeitig halte er die Frage für wichtig, wie Sexualität verantwortlich gelebt werden kann. Zu Homosexualität hat er noch keine fertige Meinung: „Als Kind meiner Zeit würde ich mir wünschen, dass sie okay ist.“ Theologisch könne er das aber nicht begründen. Für ihn stellt sich vorrangig die Frage nach der Beziehung. Man würde doch vor allem zusammenleben und dann stelle sich doch die Frage, wie man gemeinsam mehr zum Frieden Gottes finde. Und da gebe es doch ganz andere Sachen, die den Frieden Gottes stören würden. Schließlich regt ihn die Frage nach der Homosexualität doch auf: „Die Frage kotzt mich an. Die ist ultra unangenehm.“

Aber Jonte hat auch Antworten. Als ich ihn nach der Hölle frage, singt er erst einmal Wolfgang Petrys „Hölle, Hölle, Hölle, Hölle“, und fragt dann noch nach: „Was willst du da wissen?“ Und dann redet er: „Ich wünsche mir, dass alle Leute bei Gott ankommen.“ Die Allversöhnung, die Lehre, dass am Ende alle erlöst werden, würde er aber nicht predigen. „Das wäre fatal. Eine Egal-Haltung ist auch komisch. Ich bin gespannt, wie Gott das macht. Das Leben jetzt ist sinnhaft. Und mit Gott hat es total andere Vorzeichen. Ich wünsche niemandem, dass er ewig getrennt sein muss von Gott.“ Andere Religionen findet Jonte total spannend, allerdings gebe es sie in Neubrandenburg kaum. „Ich hab aber voll Bock auf den Dialog.“ Es gebe immer viel mehr Gemeinsamkeiten, als man denke. Seine Hoffnung ist dann auch, dass alle gerettet werden. Man kann bei Jonte sicher sein, dass ihm nichts egal ist, vor allem Menschen nicht. Und alles, was ihn aufregt, kann er auch entspannt betrachten, von seinem eigenen Leben und seinen eigenen Möglichkeiten her. Ohne den Schwarzen Peter Gott zuzuschieben, lässt er bei ihm Dampf ab, tankt Gelassenheit. Auch eine Form der Transformation. Jonte hat relativ jung, mit 24, geheiratet, bisher haben er und seine Frau einen Sohn. Ob sie noch mehr Kinder wollen? „Mal schaun.“ Als ich ihn nach einer Art Lebensmotto frage, fällt ihm zunächst nichts ein. Dann sein Trauvers: „Macht euch keine Sorgen.“ Er sucht ihn im Computer. Es ist Matthäus 6,25. Ihn trägt das Vertrauen, dass Gott alles gibt, was man braucht. „Wir haben immer Entscheidungen getroffen, die überhaupt nicht wirtschaftlich sinnvoll sind.“ Und dann haben sie als Paar und als Gemeinschaft erlebt, wie sie getragen sind. „Wir machen den Kopf nicht aus, aber sind in Beziehung.“ Vor allem beim Thema Geld war (und ist) das für ihn ein langer Prozess.

Wie hält er es denn überhaupt mit der Bibel? „Ich hätte Bock, mehr damit zu leben.“ Sie habe für ihn einen sehr hohen Stellenwert, sei nicht einfach ein „Geschichtsbuch“. Aber durch die Ausbildung sei sein Umgang damit entspannter geworden, „nicht im stressigen oder verkrampften Sinn bibeltreu“. Jonte sagt den fast widersprüchlichen Satz: „Ich habe eine größere Freiheit, die Bibel ernst zu nehmen.“ Regelmäßige feste Formen von Bibellesen oder Gebet lebe er nicht mehr. Statt Zeiten habe er jetzt eher Orte: „Ich mag im Kloster die Wandelgänge, wo das Gehörte in dir spazieren gehen darf.“ Und er sei gern im Grünen, wo er „dann mit Gott schnacken“ könne. Das vermisse er in Neubrandenburg. Da fehle der Wald. Er sucht neue Formen, die zu ihm passen. Der Austausch mit Freunden, mit seiner Frau, werde für ihn zu so einem Ort der Gottesbeziehung. „Ein geiles Steak zu essen, ist für mich der absolute Gottesdienst, wenn wir uns das mal leisten. We believe in eating and drinking“, sagt er mit einem hörbaren Augenzwinkern.

In Neubrandenburg hat Jonte wieder Neonazis in der Nachbarschaft. Er erzählt von einem Naziaufmarsch in Neubrandenburg, regelmäßig am 1. Mai. Einmal erinnerte die genehmigte Route an die Form eines Hakenkreuzes. Es gibt viel Gegenbewegung. Die linke Szene ist auch in Mecklenburg-Vorpom-

mern sehr dabei, dem rechten Gegröle etwas entgegenzusetzen. Christliche Gemeinden seien dagegen sehr wenig präsent gewesen. *Polylux* habe an einem Straßenfest beim Flüchtlingsheim teilgenommen, „Waffeln für den Frieden" gebacken. Jonte war es wichtig, eine witzige und liebevolle Art zu finden, die Leute wertzuschätzen. Jontes Leidenschaftlichkeit sieht von außen manchmal richtig gemütlich aus.

Katharina*, 30, in Leipzig

Nächster Halt: Gott

Katharina steigt aus, manchmal, in Gedanken. Wie es wohl wäre, nicht mehr jeden Morgen aufzustehen, um von der Wohnung in Plagwitz zum Büro zu radeln? Sie sieht sich in der Bretagne, in einem kleinen Haus, und träumt von Spaziergängen am Strand. Sie würde lesen und vielleicht sogar anfangen, wozu sie im Alltag als Redakteurin nicht kommt: selbst den Stift in die Hand nehmen – nicht mehr nur Texte von anderen lesen. Sie würde schreiben. Vielleicht ein Buch oder Kurzgeschichten. Sie will trotzdem nicht weg. Was hält sie? Die 30-Jährige – weiche Stimme, groß gewachsen, stilvoll gekleidet – arbeitet beim Fernsehen. Sie betreut Serien, betreut die Autorinnen und Autoren. Sie mag ihren Job, ihre Kolleginnen und Kollegen. Sie mag die Verantwortung, das Kreative, Premierenfeiern, Buchgespräche und die Zusammenarbeit mit anderen.

---

* Name geändert

An Leipzig schätzt Katharina die Offenheit, das Familiäre, das Grüne. Alles ist mit dem Fahrrad erreichbar, die Seen in der Umgebung und auch der Arbeitsplatz. Auf ihrem Balkon saß Katharina aber schon lange nicht mehr. Zu laut sind die Baustellen gegenüber, wo am Kanal zwei große Betonblocks aus dem Boden wachsen. Exklusive Wohnungen sollen hier entstehen, für die vielen, denen Berlin zu groß und Stuttgart zu provinziell ist, die deshalb ins beschauliche Leipzig ziehen. Die steigenden Mieten bedrohen schon erste Freundinnen und Freunde. Wäre der Job nicht, Katharina würde ihren Traum vom Haus in der Bretagne wahr machen. Vielleicht. Es ist vor allem die Arbeit, die sie in Leipzig hält.

Katharina wohnt alleine. Schlafzimmer, Wohnzimmer, Küche, Balkon, knarzendes Parkett. Bis vor kurzem teilte sie sich den Altbau im Leipziger Südwesten noch mit ihrer jüngeren Schwester, die ist aber inzwischen in eine eigene Wohnung gezogen. Katharina mag einerseits die Nähe zu ihrer Familie, die Verbundenheit, die trotz der räumlichen Entfernung zu ihrer Schwester in Berlin und ihren Eltern in der Provinz besteht. Doch auch der Abstand ist Katharina wichtig. Sie will unabhängig sein, eigenständig. Sie schätzt den Halt, das Zuhause, sehnt sich aber auch in die Weite, raus aus der Gewohnheit. Auf ihre Familie kann sie sich verlassen, deshalb kann sie sich ins Ungewisse wagen. Ihre Familie hält sie. „Mein Leben hat verschiedene Böden", sagt Katharina beim Frühstück in ihrer Küche. Sie hat frische Brötchen besorgt und heißes Ingwerwasser aufgesetzt. Auf dem Tisch stehen frische Schnittblumen, die Lebensmittel wirken wie auserwählt. Es gibt selbstgemachte Marmelade, Ziegenkäse, gekochte Frühstückseier. „Meine Familie ist ein Boden, Freundschaften sind ein Boden, meine Arbeit ist ein Boden und meine Wohnung ist ein Boden", führt Katharina ihre Gedanken weiter aus. „Das alles trägt mich, das hält mich, das erdet mein Leben, meinen Alltag", sagt sie. Wenn einer der Böden wegbreche, dann hielten die anderen. „Und Gott ist für mich der Boden unter allen Böden", sagt sie. Bisher hätten die anderen Böden nie ernstlich versagt. Die Familie, der Job – bisher ist bei Katharina fast alles gut gegangen. Ihre Kindheit in der mitteldeutschen Provinz war das, was man eine behütete Kindheit nennt. Nach dem Studium fand sie schnell eine Anstellung. „Das Schlimmste, was ich bisher erleben musste, war die Trennung von meinem letzten Freund", sagt sie. Das Ende dieser Beziehung habe sie tief getroffen. Sie habe eine ganze Weile gebraucht, um sich wieder aufzuraffen. Doch dieser Bruch sei vermutlich harmlos im Gegensatz zu Brüchen und Verletzungen, die andere Menschen erleben. Deshalb falle es ihr schwer zu glauben, dass Jesus für ihre Sünden gestorben ist. So viel Schuld habe sie in ihrem behüteten Leben noch nicht auf sich geladen, als dass dafür ein Mensch hätte sterben müssen. Wir seien als Menschen verstrickt in die Schuld der Welt. Auch an eine Erlösung aus dieser Schuld glaubt Katharina. „Aber mit meiner kleinen Sünde will ich mich nicht so wichtig machen", sagt sie. Die Überbetonung der eigenen Schuld hält sie für Heuchelei. Man könne auch mit der eigenen Erlösungsbedürftigkeit prahlen. Warum dann Jesus, wenn nicht für die eigene Schuld, für die Erlösung? Katharina zitiert den katholischen Theologen und Priester Lothar Zenetti: „Wer Jesus für mich ist? Einer, der für mich ist. Was ich von Gott halte? Dass er mich hält."

Womit uns Katharina wieder zurück auf den Boden holt, auf ihre Böden, auf das, was sie hält. Gott hält Katharina. Es habe sie freier gemacht, Gott nicht für alles verantwortlich zu machen. Als Kind hat Katharina für alles und jeden gebetet: wenn ihr das Wetter nicht passte, wenn der Bus zu spät kam. Mit der Zeit, mit dem Leben, habe sie gelernt, dass öffentliche

Verkehrsmittel nach Fahrplan fahren, nicht immer, aber meistens. Sie habe gelernt, dass Gott nicht eingreift, nicht in allem seine Finger hat. „Meine Gebete wurden nicht erhört", sagt sie. Das aber hat sie nicht als Enttäuschung verbucht, nicht als Argument gegen das Gespräch mit Gott, sondern als Ausweg aus dem Zwang, ihn ständig in die Pflicht zu nehmen. „Ich bin unabhängiger geworden", sagt Katharina, „und damit Gott näher gekommen." Dadurch befreie sie Gott auch von all den unwesentlichen Dingen. Da müsse er gar nicht eingreifen oder etwas ändern. „Ohne damit sagen zu wollen, dass er es nicht könnte. Gott ist schon allmächtig", sagt sie.

Hat Gott in anderen Bereichen dadurch mehr Raum gewonnen? „Er hat mich in ein tiefes Vertrauen in mein Leben geführt", sagt Katharina. Sie müsse sich nicht fürchten vor ihrem Leben oder der Welt. „Ich darf mich freuen zu leben, immer besser zu leben, besser klarzukommen mit dem Leben." Aber im Leben bleibe mit Gott vieles unberechenbar. Man wisse nicht, ob der Partner für immer bleibt oder ob man nicht doch viel Schmerz erlebt. Nicht alles planen und kontrollieren zu müssen, nicht an allem festzuhalten, macht Katharina gelassen. Sie glaubt nicht an Prädestination, nicht an Schicksal. Nicht alles sei vorherbestimmt, alles könne sich jederzeit ändern. Katharina will nicht an feste Abläufe glauben, ein Drehbuch, wie sie etliche für die Arbeit liest. Man könne die Dinge nicht vorhersehen, aber im Nachhinein werde klar, wie es so weit kommen konnte.

Katharina glaubt an das Unberechenbare, an die Unterbrechung, das Geheimnis. Sie geht ihren Interessen nach, folgt selten einem Plan. „Ich will immer dahin, wo es interessant wird", sagt sie. Sie ergreift die Möglichkeiten, die sich ihr bieten, ist neugierig und aufmerksam. Sie sucht das Geheimnisvolle, das sie nicht hält, sondern zieht. Das Beten habe sie nicht aufgegeben. Morgens, gleich wenn sie aufwache, sage sie oft: „Guter

Gott, dass du mich liebst, gibt Antwort auf alle meine Fragen." Dem sei dann oft nichts mehr hinzuzufügen. Sie frage sich oft nicht einmal, wonach sie sich sehnt. „Gott weiß, wonach ich mich sehne", sagt sie zuversichtlich. Beim Beten kommen Katharinas Verlangen nach Freiheit und ihre pfingstlerische Prägung zusammen. Sie verbindet im Gebet die fromme Praxis, die sie in ihrer Kindheit und Jugend kennengelernt hat, mit der theologischen Weite, die sie in ihren Zwanzigern außerhalb der Freikirche gefunden hat. So hat sie andere Glaubensformen kennengelernt und aber auch von ihrer Großfamilie, die in der landeskirchlichen Tradition steht, viel mitbekommen.

Katharina ist in einer Kleinstadt aufgewachsen, 12.000 Einwohner, im Speckgürtel des Rhein-Main-Gebietes, wo jeder ein Auto vor der Tür hat, ein Haus, Kinder, einen Hund – eine große existenzielle Sicherheit. Das habe Katharina geprägt: „Die Lebenswelt macht etwas mit unserer Gottesvorstellung", sagt sie. Ihre Eltern heirateten früh. Als ihre Mutter mit Katharinas Schwester schwanger wurde, waren sie noch nicht verlobt. In Katharinas Alter hatte sie bereits drei Kinder. „Das war nicht leicht in der Provinz", vermutet Katharina. Der Vater ist Krankenpfleger, die Mutter war schon vieles: Floristin, Hausfrau, gerade schließt sie ihre Ausbildung zur Erzieherin ab. Als Katharina noch ein Kind war, besuchte die Familie eine landeskirchliche Gemeinde. Katharina ging dort in die Kinderkirche. Doch als sie etwa fünf oder sechs Jahre alt war, wechselten ihre Eltern in eine Pfingstgemeinde. Dort war auch Katharina regelmäßig, bis sie nach dem Abitur zum Studium in die nächstgelegene Stadt zog. „Heute würde ich das alles vielleicht anders einordnen", sagt sie, „aber als Kind war ich gerne in der Gemeinde." Fragen, die sie an Freikirchen heute stören, betrafen sie damals noch nicht. Wie lebt man zusammen, wenn man noch nicht verheiratet ist?, sei eine dieser Fragen. Sie könne sich zusammenreimen, woher die hohen moralischen Standards der Gemeinde rührten. Diese Fragen seien aber heute nicht mehr ihre Fragen.

Homosexualität? Für Katharina nichts, worüber es sich zu diskutieren lohnt. Menschen lieben Menschen – so einfach sei das. Das hätten sie das Leben und ihre homosexuellen Freunde gelehrt. Sex vor der Ehe? Da waren schon ihre Eltern kein gutes Vorbild. Katharina legten sie dennoch nahe, dass Sex in eine verbindliche Beziehung gehört, besser noch in einen geschützten Rahmen, sprich: eine Beziehung, die über kurz oder lang in einer Ehe mündet. Doch was ein geschützter Rahmen ist, das habe Katharina in den letzten Jahren immer weiter ausgelegt. Entscheidend seien weniger Status und Form der Beziehung, als vielmehr ihre Abenteuerlust und ihre seelische Verfassung. „Nach all den moralischen Zwängen bin ich freier geworden", sagt sie. Sie habe sich aus solchen Vorstellungen und Prägungen immer weiter herausgewunden, lebe aber auch ziemlich monogam. Verbindlichkeit sei schon noch ein Kriterium.

Auch die geistliche Deutung des ganzen Lebens, die in ihrer Pfingstgemeinde üblich war, liege ihr heute nicht mehr. „Es war so angenehm, in eine Landeskirche zu gehen, wo das Leben ist, wie es ist, und nicht ständig eine höhere Bedeutung bekommt", sagt sie. Anstrengende Zeiten seien dort nicht zu Wüstenzeiten, Durststrecken oder gar Prüfungen von Gott überzeichnet worden. Mit ihrem Auszug löste sich Katharina aus ihrer Pfingstgemeinde. Ihre Schwestern hatten sich schon früher verabschiedet. Auch Katharina fand ihren eigenen Glaubensweg. Freikirchen sind Katharina moralisch zu eng. Als sie noch in Berlin wohnte, sei sie manchmal ins hippe Berlinprojekt gegangen, das sie selbst gar nicht so hip finde. Die Gemeinde ist bekannt für ihr junges Publikum und wurde schon vielfach in großen Zeitungen als Kirche der Zukunft verhandelt. Es hat Katharina dort nicht lange gehalten. Besonders regelmäßig zieht es Katharina sowieso nicht in einen Gottesdienst. An Weihnachten und Ostern immer, sonst am liebsten in Taizé-Gottesdienste am Abend. Nur manchmal findet sie sonntagmorgens den Weg in eine Kirche. Die Uhrzeit hindere sie, das Frühstück mit Freunden ziehe sie dem Gottesdienst meistens vor. Sie ginge gerne öfter in die Kirche, habe auch an der Form und den Inhalten selten etwas zu bemängeln. Nur: „Mehr Angebote für Sonntagsferne sollte es geben", findet sie. Die Leute seien kirchenfern, nicht glaubensfern. Es mangele selbst in Leipzig nicht an Publikum und Interesse für die Kirche und ihre Angebote. Doch es ziehe die Menschen nicht in die Gottesdienste. Schlimm findet Katharina das nicht. Sie mag die Kirche, der Glaube ist ihr wichtig. Sie entdeckt darin einen Schatz, den sie gerne teilt. Ambitionen zur Mission hat sie wiederum keine. „Ich bin aufgewachsen mit: Gehet in die Welt und macht zu Jüngern alle Völker", erklärt sie. Doch auch davon habe sie sich verabschiedet. Die Missionsgeschichte habe viel Mist in die Welt gebracht. Mission, das klingt in ihren Ohren nach Gewalt. „Ich weiß nicht, warum ich jemanden missionieren sollte", sagt sie.

Katharina könne etwas für sich behalten, selbst das, was sie im tiefsten Innern halte. Der Glaube sei ihr ein Geheimnis, das man nicht einfach ausplaudere. Und doch habe ich das Gefühl, sie spricht ständig von Gott – ohne Worte: Ihre Körpersprache ist nie hektisch, ihre Gestik ruhig, ihre Worte bedacht. Manchmal antwortet sie auf eine Frage mit einem verschmitzten Lächeln, um dann sprengkräftige Worte zu finden. „Ich bin unsicher, ob es ausschließlich Jesus ist, der einem das ewige Leben schenkt", ist einer dieser Sätze. Vielleicht gehe es darum aber auch nicht, sagt sie. Worum es sonst gehen könnte, lässt sie offen. Katharina macht sich ihre Gedanken, wägt ab, was wichtig ist, und hat keine Scheu, offene Fragen in den Raum zu stellen.

Doch auch mit ihren Gedanken wolle sie niemanden belehren. Sie behält sich vor, nicht auf alles eine Antwort zu haben. Auch damit vertraut sie sich Gott an. Mit ihm hält sie die Fragen aus und lässt sich weiter leiten. „Meine Seele zieht um", sagt Katharina mit Arthur Miller. So fühle sich der Blick auf ihre letzten zehn Jahre an, wie sich ihre Vorstellung von Gott und der Welt und von sich selbst verändert habe. Wohin es ihre Seele zieht und was sie hält, bleibt offen.

Salama, 35, in Essen

„Christen sind Peace-People!"

Salama kramt Fotos aus seinem Portmonee und legt sie auf seinem dunkelroten Sofa nebeneinander. Auf einem ist er mit seiner Frau zu sehen. Das Bild ist 15 Jahre alt, sie waren sehr jung. Wenig später ist ihr erstes Kind geboren. Salama zündet sich eine Zigarette an, zieht daran, legt sie auf dem gläsernen Aschenbecher ab, der auf seinem kleinen Wohnzimmertisch steht, und zeigt auf die anderen Fotos: „Das sind Petrus, Dima, Nur, Akil und Mariam", sagt er, seine Kinder. Nach über acht Monaten Wartezeit wurde ihm im Juni Asyl gewährt. Andere hätten den Bescheid schon nach wenigen Wochen bekommen, wieder andere würden aber noch länger warten. Er sei dankbar, dass er jetzt eine Aufenthaltsgenehmigung für mindestens drei Jahre habe.

Salama ist geflohen. Wie so viele andere Syrer haben ihn der Bürgerkrieg und die Bedrohung durch die Terroristen des IS aus dem Land getrieben. Jede Hoffnung auf eine Zukunft in seiner Heimat wurde zerstört – zumal als Christ, sagt er. Weil er keine Waffe anrührt, hätten sich seine muslimischen Freunde inzwischen von ihm abgewandt. „Christen sollen Frieden stiften", sagt er. Mit dem Krieg, der für ihn ein Krieg der Muslime ist, will er nichts zu tun haben. Vor ein paar Jahren noch habe sein Glaube keine Rolle gespielt. Alle waren mit allen befreundet. Die einen gingen in die Moschee, die anderen in die Kirche. Man redete nicht über den Glauben. „Vor dem Krieg war die Religion kein Thema", sagt er.

Der 35-Jährige hat Kaffee gekocht und Schokolade auf einem kleinen Teller vorbereitet. Die Verständigung ist kein Problem: Wir unterhalten uns auf Englisch. Auf den Heizkörpern hängen Jeans zum Trocknen. Salama trägt bequeme Kleidung – Trainingsjacke, Trainingshose. Seine kurzen schwarzen Haare hat er nach hinten gekämmt, anders als auf dem Foto trägt er heute Bart.

Zum ersten Mal in seinem Leben ist Salama alleine. Seine Frau und seine fünf Kinder musste er zurücklassen. Wenn alles gut geht, dürfen sie noch dieses Jahr nachkommen. Bis dahin leben sie mit seinen Eltern in Homs. Mehrmals täglich schreiben sie sich Nachrichten per WhatsApp und schicken sich Fotos. Zum Telefonieren ist oft die Verbindung nicht stabil genug. Vor ein paar Wochen hat er eine Erdgeschosswohnung im Essener Norden bezogen – zwei Zimmer, Küche, Bad. Hier wird er auch mit seiner siebenköpfigen Familie unterkommen. Zum ersten Mal in seinem Leben wäscht Salama seine Wäsche selbst und er hat kochen gelernt. In seiner Heimat sei das Frauenarbeit. „Aber wenn meine Familie kommt, werde ich sie bekochen", sagt er. Das Alleinsein habe ihn stärker gemacht.

Salama ist katholisch. Er gehe zwar selten in den Gottesdienst, aber der Glaube gehört für ihn dazu, seit er ein Kind war. Seine Frau gehe mit den Kindern regelmäßiger in die Messe. Das sei schon früher so gewesen. „Die Kinder mögen die Geschichten von Jesus und verbringen gerne Zeit mit anderen Kindern“, sagt er. Ende vergangenen Jahres ist Salama in die Türkei aufgebrochen. Doch über Land kam er nicht weit. An Umkehr wollte er gar nicht denken, also flog er nach Libyen. Von dort schlug er sich über Algerien nach Marokko durch. Nach drei Monaten – immer nur mit dem Ziel Europa vor Augen –, landete er schließlich im Erstaufnahmelager in Dortmund. Von dort wurde er in eine Unterkunft in Essen geschickt.

Seine Heimatstadt Homs ist die drittgrößte Stadt in Syrien und eines der kulturellen Zentren mit einem militärischen Ausbildungslager. Auch Assad wurde hier trainiert. Doch Homs hat auch eine andere Geschichte: Die Stadt war Zentrum des Widerstands gegen die französische Besatzung im 20. Jahrhundert. In den letzten zehn Jahren hat Salama hier Handys und Smartphones repariert, hat kaputte Akkus und Touchdisplays getauscht, Ersatzteile besorgt und eingebaut. Vor dem Krieg begann er in Damaskus ein Studium. Doch als die Lage immer schwieriger und die Straßen immer unsicherer wurden, musste er sein Studium abbrechen. Wenn er Deutsch gelernt hat, dann würde er es gern in Deutschland zu Ende bringen. In ein paar Wochen beginnt der Kurs. Bis dahin bleibt ihm nichts anderes, als zu warten.

Die meiste Zeit ist Salama zu Hause. Auch heute war er den ganzen Tag in seiner Wohnung und hat auf seinen Besuch gewartet. Sein Viertel im Essener Norden bereitet ihm Sorgen, deshalb geht er ungern vor die Tür. Er weiß nicht, ob er hier seine Kinder großziehen will. An der U-Bahn-Haltestelle gebe es Drogendealer, die mit Messern bewaffnet seien. In Syrien hätte es so etwas nicht gegeben, sagt er. Da würde der Drogenhandel knallhart bekämpft. Vor kurzem sei auch sein Fahrrad geklaut worden. Am nächsten Tag habe er den Dieb getroffen – mit seinem Fahrrad. Der habe ihn nur ausgelacht. Da hat Salama ihn am Arm gepackt und zur Polizei geschleppt. Doch die konnte ihm nicht helfen. „Ich liebe die Freiheiten in Deutschland“, sagt er, „aber Kriminelle gehören hinter Gitter“ – das würde andere abschrecken. Bekannte, die schon länger in Deutschland leben, brachten ihm einige erste Worte bei: „bitteschön“, „danke“, „willkommen“, „tschüs“. Auch wie man sich in Deutschland richtig verhält, haben sie ihm beigebracht. Salama ist es sehr wichtig, sich in seiner neuen Heimat gut zu benehmen. Was das in Deutschland bedeutet, gutes Benehmen, das musste er erst lernen. „Termine sind sehr wichtig hier“, sagt er. Wenn man sich verspäte oder nicht kommen könne, müsse man anrufen und sich entschuldigen. Fremde spreche man mit „Sie“ an, Freunde und die Familie mit „du“. In der U-Bahn solle man erst die Leute aussteigen lassen, bevor man einsteige und man dürfe nicht einfach seinen Müll irgendwo hinwerfen. „Mülltrennung“ und „Pünktlichkeit“ – zwei weitere Vokabeln in Salamas Wortschatz.

Auch wenn der Krieg in Syrien eines Tages vorbei sein sollte, will Salama in Deutschland bleiben. Er wolle hier ein neues Leben anfangen und seinen Kindern eine bessere Zukunft ermöglichen. Das Leben in Syrien habe er hinter sich gelassen. Er könne nicht mehr zurück. Einer von Salamas Söhnen, Nur, ist behindert. Für ihn erhofft sich Salama besonders, dass er in Deutschland besser versorgt werden kann. In Syrien seien sie als Familie mit den Herausforderungen auf sich allein gestellt gewesen. Salama will jetzt möglichst schnell Arbeit finden. Auch dafür heißt es abzuwarten.

Seinen nächsten Termin im Jobcenter hat er erst in drei Wochen. Bis dahin versucht er, weiter Deutsch zu lernen und mehr über Deutschland zu erfahren. Zwei seiner Nachbarn im Haus sind aus dem Libanon nach Deutschland gekommen. Mit

You are greater than the universe
you are brighter than the sun
you are deeper than the sea
you are love
you´re the creator of the universe
you´re the lighter of the sun
you´re the keeper of the sea
you are love
this is a song
that truly only my heart can sing
no human voice no earthly tongue
can ever express
what you mean to me

SEA + AIR

KURZPORTRÄT

600 Konzerte, 22 Länder, drei Jahre Europa nonstop. Und unterwegs auf Tour ist das zweite Album des deutsch-griechischen Indie-Pop-Duos *SEA + AIR* entstanden: „Evropi." Zwischendurch waren Eleni Zafiriadou und Daniel Benjamin bei TV Noir zu Gast und wurden mit dem Deutschen Musikautorenpreis behangen. Es bleibt abzuwarten, ob „The Heart of the Rainbow", eine Singleauskopplung des ersten Albums, nicht doch noch, wie angekündigt, zum Sommerhit 2017 aufsteigt.
In „You are" geht es *SEA + AIR* um einen, der größer ist als das Universum, das er erschaffen hat. Das Lied ist ein Gebet, theatralisch vorgetragen, fast kitschig. Aber die Erscheinung und die Performance der beiden Künstler fängt diesen Eindruck auf und macht es zu einem tollen Stück ehrlicher Anbetung.

ihnen kann er sich auf Arabisch unterhalten, sie helfen ihm, wenn er etwas nicht versteht. Überall sei es so sauber, sagt er. Und die Deutschen würden sehr viel arbeiten und blieben eher unter sich. In Syrien hätten sie jeden Tag viele Gäste bei sich zu Hause gehabt. In Deutschland gehe man früh ins Bett. Nur am Wochenende würden die Leute sich verabreden.

Salama muss sich auch erst daran gewöhnen, dass so viele Menschen nicht an Gott glauben. „In Syrien glauben alle an Gott", sagt er. Wenn man Gott leugne, könne man ins Gefängnis kommen. Aber man rede ja auch nicht darüber, weshalb er von vielen seiner Freunde selbst nicht wisse, ob sie wirklich gläubig seien. Er ist sich sicher, dass es einen Gott gibt. Seit seiner Reise fragt er sich manchmal, warum Gott diesen Krieg und das viele Leid zulässt: „Ich habe Gott gefragt, aber er antwortet nicht", sagt Salama. Dass Gott nicht antwortet, ließ ihn sogar schon zweifeln, ob es vielleicht doch keinen Gott gebe. Aber den Gedanken daran habe er schnell wieder verworfen. Er versuche seither, nicht mehr daran zu denken. Salama zieht einen Ärmel seiner Trainingsjacke hoch. Auf seinem rechten Oberarm prangt ein Tattoo: Es zeigt ein großes Kreuz, das weite Teile seines Oberarms bedeckt. An den Enden ist es abgerundet, wie es typisch ist für eine syrisch-orthodoxe Kreuzesdarstellung, die Salama eher aus Verbundenheit zu seinen Freunden als zu seinem Glauben trage, er sei ja katholisch. „Ich liebe alles, was Jesus gesagt hat", sagt Salama. Er habe nie zu Gewalt aufgerufen, das unterscheide ihn von allen anderen Menschen. Das ist es, was Salama am christlichen Glauben überzeugt: Christen seien Menschen des Friedens – „Peace-People". Was Salama über den Glauben weiß, hat er von seinen Eltern und in der Kirche gelernt. Er hat den Kommunionunterricht besucht. Auch zwei seiner Kinder hätten bereits die Erstkommunion empfangen – mitten im Krieg. Ihren Sohn nannten sie Petrus,

Fels, weil Salama diese Verheißung, die Jesus seinem Jünger zuspricht, auch seinem Sohn wünscht: „Du bist Petrus, und auf diesen Felsen werde ich meine Gemeinde bauen, und das Totenreich mit seiner ganzen Macht wird nicht stärker sein als sie." Doch mit dem Totenreich verbinde er nicht die Hölle oder ein Leben nach dem Tod. Was nach diesem Leben geschieht, interessiere ihn nicht. Er wolle in diesem Leben ein guter Mensch sein und befolgen, was Jesus ihm gesagt hat. Das wolle er auch seinen Kindern mitgeben. Auch wenn er selbst nur etwa einmal im Monat in die Kirche geht, wolle er, dass der Glaube für seine Kinder selbstverständlich wird. Bis auf Petrus und Mariam tragen die Kinder von Salama arabische Namen: „Nur" bedeutet Licht, „Dima" meint im Arabischen den Verstand und „Akil" ist der Gelehrte. „Mariam, unsere zweite Tochter, sollte den Namen der Mutter Gottes tragen", sagt Salama. Er glaubt an die Jungfrauengeburt. Verse, in denen die Geschwister von Jesus erwähnt werden, hält er nicht für wahr. Es handle sich nicht um weitere Kinder von Maria. Sie habe außer Jesus kein weiteres Kind geboren. „Meine Freunde und ich, wir nennen uns in Syrien auch Brüder und Schwestern", erklärt er. Auch einen Mann habe sie nicht gehabt. „Josef? Der ist nur eine Zeit lang mit ihr unterwegs gewesen", meint er.

Zu Gott hat Salama keine ausgeprägte Beziehung. „Er sieht in meiner Vorstellung aus wie der Weihnachtsmann", sagt er und lacht. Sein eigenes Gottesbild kommt ihm naiv vor. Jesus sei ihm näher, ihn kann er sich besser vorstellen. Er sei in seiner Vorstellung ein groß gebauter Mann mit langen Haaren gewesen. Wie er aussah, sei aber nicht wichtig. „Jesus legte keinen Wert auf Äußerlichkeiten", meint Salama. Immer wieder betont er, wie viel ihm die Worte von Jesus bedeuten, da sei kein einziges schlechtes Wort dabei, nichts was ihn störe, nichts, was er nicht verstehe. Zwei Mal schon ist er sonntags in den

Essener Dom gegangen. Dort fühlt er sich wohl. Kirchenräume sind ihm vertraut. Er habe zwar nichts verstanden, sagt er, weil die Messe auf Deutsch gelesen wurde, aber die Eucharistie, das Abendmahl, sei ihm wichtig. Ihm gehe es mehr ums Gebet, die tiefe Verbundenheit und das innere Gespräch mit Gott, sagt er. Dann legt Salama die Hände aufeinander, schließt die Augen und nickt seinem Gast sanft zu.

Elena*, 25, Ostseeküste

„Die ganze Bibel als wahr annehmen"

Elena zitiert Sätze aus der Bibel. Mehrfach schlägt sie eine Bibelstelle nach, während wir uns unterhalten. Einmal steht sie auf und holt eine zweite Bibel, weil sie in ihr bestimmte Stellen leichter findet. Es ist eine Bibel, die sie zehn Jahre lang immer und immer wieder gelesen hat. Sie fällt auseinander, von vorne bis hinten sind Verse mit allen Buntstiftfarben markiert. Auch die Bibel auf ihrem Schreibtisch ist sorgfältig eingeschlagen, mit einem Bibelvers verziert, Schutzfolie drum – eine Bibel, die ganz offensichtlich gebraucht wird. Ich werde sie im Laufe unseres Gespräches fragen, ob ihr die Bibel womöglich wichtiger ist als Gott ...

Elena wohnt in einem dieser modernen Studentenwohnheime, in denen nur Waschküche und Fahrradkeller gemeinsam genutzt werden, die immer teurer sind, als man denkt, und ziemlich anonym. Von ihrem Fenster aus schaut man über den

---

* Name geändert

Parkplatz eines kleinen Einkaufsmarkts hinweg auf viel Grün. Betritt man Elenas luftige Einraumwohnung, sieht man nicht gleich die kleinen Details, die aus ihrem Leben erzählen. Ihr Zimmer ist wohnlich und erinnert weder an unaufgeräumte Studenten-WGs noch an sterile Designerzimmer. Es ist sogar Platz für ein Klavier.

Elena trägt schwarze Leggins und einen langen dunkelblauen Kapuzenpulli. Die dunkelblonden Haare sind locker zu einem kurzen Zopf gebunden. Sie spricht mit einem rollenden R. Es klingt süddeutsch. Auf die Frage, wo sie herkommt, könnte sie einfach sagen: Nordrhein-Westfalen. Da leben ihre Eltern heute noch, da ist sie zur Schule gegangen, da war ihre erste Gemeinde. Aber sie sagt auch: ursprünglich aus Russland, Orenburg. Da wurde sie 1990 als dritte von drei Geschwistern geboren. Ein Jahr später kam ihre Familie nach Deutschland. Ihr Russisch reicht nur für Smalltalk, zu Hause haben sie immer Deutsch gesprochen. Klar sei sie Deutsche, sagt sie. Sie habe sich in Deutschland nie ausgeschlossen gefühlt. Im Laufe unseres Gesprächs wird deutlich, dass sie jetzt im Studium zum ersten Mal Freunde hat, die selbst keine Russlanddeutschen sind.

Für sie sei ihre Herkunft völlig selbstverständlich, kein Thema und nichts, was sie beschäftigen würde, erklärt sie zuerst. Ich muss nachhaken, bis sie schließlich sagt: Es sei vor allem ihre Herkunft, die sie geprägt habe. Sie formuliert wohlüberlegt, spricht langsam, mit vielen Pausen. Ja, es gebe kulturelle Unterschiede zwischen jenen Deutschen, die aus Russland zurück nach Deutschland gekommen sind, und denen, die schon immer hier wohnten. Ihr sei Familie sehr wichtig und in ihrer Familie sei der Zusammenhalt auch sehr eng. Sie will selbst mal eigene Kinder haben, mindestens vier, aber gerne auch sieben. „Familie ist etwas Gutes, Segen und von Gott geschaffen." Auf Familie liege für sie Verheißung. „Ich glaube, es erfüllt einen auch." Über die Kultur, in der sie groß geworden ist, sagt sie: „Gastfreundschaft spielt eine große Rolle." Sie sagt es so bestimmt und stolz, als würde ihr das eben erst aufgehen. Dabei sieht man es schon ihrem Frühstückstisch an, den sie für uns gedeckt hat. Er hat etwas besonders Großzügiges und Sorgfältiges an sich, was nicht an der Dekoration oder seiner Extravaganz liegt, sondern am Eigentlichen: dem reichhaltigen Essen. „Der Tisch war zu Hause immer voll", stellt sie fest. „Ich finde das eher vorteilhaft jetzt. Das sind gute Eigenschaften."

Doch genau das hat ihre Eltern anfangs viel gekostet. Ihre Mutter arbeitete als Putzkraft, heute am Fließband. Wie in Russland vor einer Klasse zu stehen und zu unterrichten, das durfte sie in Deutschland nicht. Auch der Vater hat nie wieder als Tierarzt gearbeitet. Heute ist er Beamter. Elena ist sich bewusst, was beide für die Familie geleistet haben. „Ich bin sehr dankbar." Sie kann sich nur an einen einzigen kurzen Moment erinnern, in dem sie wegen ihrer Herkunft gehänselt wurde. In der Grundschule sagte ein Schüler in abwertendem Tonfall: „Du bist Russin." Sie war verletzt. Doch für solche Begegnungen gab es wenig Gelegenheit. Meist bewegte sie sich unter anderen Russlanddeutschen: in ihrem Wohnviertel, in ihrer Clique in der Schule, in ihrer Gemeinde.

Zum Studium der Kirchenmusik und Musikwissenschaft ist sie an die Ostsee gezogen, allein, weit weg von ihrer Familie und den alten Freunden. „Dass man lernt, für sich zu leben, und Entscheidungen für sich trifft", das hat ihre Zeit bisher geprägt. Am Klavier spielt sie am liebsten ältere Lobpreislieder, „weil die gehaltvollere Texte haben" – und Debussy. Neben Musik studiert sie Geschichte und Englisch auf Lehramt, um auch eine Berufsperspektive zu haben. „Ich würde gerne an einer christlichen Schule arbeiten, damit ich mit den Schülern auch beten kann, Lieder singen." Ein Kinderchor wäre ihr Traum.

Das Studium fällt ihr momentan nicht leicht, „ist wie ein Ausdauerlauf". Doch sie findet Trost in ihrem Glauben: „Gerade, wenn ich merke, mir gleitet alles aus den Händen, dann kommt dieser Friede vom Heiligen Geist." Ein Teil ihres Studiums ist abgeschlossen. Das könnte man als Erfolg sehen. Sie hätte lieber schon Familie. Nüchtern stellt sie fest: „Ich bin 25 und alles läuft anders als erhofft." Sie versucht, es zu nehmen, wie es ist. „Gott ist halt auch kein Planerfüller", habe sie lernen müssen. Eine Weile hat sie unterschiedliche Gemeinden besucht. Jetzt ist sie in der landeskirchlichen Gemeinschaft angekommen, spielt im Gottesdienst Klavier, macht gern die Kinderstunde und geht regelmäßig in den Gottesdienst. In der ersten Gemeinde in ihrem Leben, der nicht hauptsächlich Russlanddeutsche angehören.

Elena stammt nicht aus einer christlichen Familie. Eine Freundin in der Schule hat ihr erzählt, dass man Vergebung brauche, dass nicht alle in den Himmel kämen. Elena fand das erschreckend und plausibel zugleich. Sie kam mit in den Gottesdienst. „Und eines Tages merkte ich: Er ruft mich." Doch sie reagierte nicht darauf, ohne dass sie heute noch sagen könne, warum nicht. Sie habe es damals sehr bereut. Von sich aus zu Jesus zu gehen, sei ihr aber nicht möglich gewesen, weil sie geglaubt habe: „Es kann keiner zu ihm kommen, es sei denn Gott zieht einen zu sich." Nach ein paar Monaten habe sie wieder diesen „Ruf" gehört. Diesmal sei sie ihm nachgegangen und es sei der wichtigste Einschnitt in ihrem Leben gewesen. Er habe für sie bedeutet, „dass man dann Bibel liest und eine ganz andere Autorität im Leben hat."

Die Bibel spielt täglich eine große Rolle für sie. Morgens lese sie in aller Ruhe darin und bete anschließend für den Tag. Sie wolle „die ganze Bibel als wahr annehmen", sagt sie, nicht etwa „Dinge auslassen, weil es bequemer wäre". Sie wolle da keine

Kompromisse machen. In ihrem Hauskreis tauscht sie sich mit fünf anderen darüber aus: „Die kennen sich krass in der Bibel aus." Was sie lese, beeinflusse ihren ganzen Alltag, erzählt sie. Ihren Glauben unter den anderen Studierenden nicht zu verstecken, sei ihr zum Beispiel wichtig. Sie bete auch in der Mensa vor dem Essen, „auch wenn es nicht dem Zeitgeist entspricht". Alle Christen hätten einen Auftrag zur Mission, sagt sie, und zwar nicht nur in Übersee. Es rege sie auf, wenn das Leben mancher Christen nichts mit Gott zu tun habe. Das seien für sie „Scheinchristen". Andere Religionen? „Sollen machen, was sie wollen", findet sie. Aber weil Jesus sagt: „Ich bin der Weg", schließt er in ihren Augen damit alle anderen Religionen aus. Man könne sie einladen, müsse sich aber auch abgrenzen. Gleichzeitig zeigt sie Verständnis: „In einem anderen Land wäre ich vielleicht auch anders gläubig."

Es ärgere sie, wenn Gottes Wort verfälscht werde. Bei Homosexualität sei es zum Beispiel so, „dass die Bibel klar eine Aussage trifft, und die Leute sagen: Nö, es gibt keine klare Aussage." Sie findet: „Dass man sündigt, ist normal. Aber dann zu sagen, es ist keine Sünde ..." Dazu würde sie sagen: „Mach es, aber sag nicht, dass es richtig ist. Die Bibel ist klar und es gibt klare Grenzen." Ja, Homosexualität sei für sie ganz klar eine Sünde: „Gott findet es nicht gut." Ein Bekannter von ihr liebe homosexuell. Sie verstünden sich gut und, ja, er kenne ihre Haltung. „Ich stoße die Person nicht weg." Sie ist überzeugt, dass Jesus Freiheit davon schenken könne. Es sei ein schwieriges Thema und es sei schwierig, zu ihrer Meinung zu stehen. „Ich denke ja nicht, dass ich besser bin." Sie habe Angst davor, Leute zu verletzen, aber man nehme ihr immer ab, dass sie die Menschen liebt. Und bei allen kompromisslosen Einstellungen formuliert sie zugleich ihre Grenzen: „Vielleicht seh ich's in zehn Jahren anders."

Trotzdem mag sie den Zeitgeist nicht und „dass man alles tolerieren muss". Es gehe im Christsein nicht darum, ein besserer Mensch zu sein, sondern Gott zu glauben. „Man nimmt ihn nicht immer wahr", ist ihr bewusst, aber man dürfe ihn nicht kleinreden. Er sei gerecht, gnädig, sanft und barmherzig. Innerhalb der Dreieinigkeit sei ihr Jesus am nächsten – und seine Vergebung. Denn wie wichtig Jesus sei, zeige sich an der Hölle. Man brauche niemandem Angst zu machen, solle aber ein Bewusstsein dafür haben, sich für Jesus entscheiden. „Das macht Jesus umso wertvoller, dass man ihn braucht, um gerettet zu werden." Und die Bibel? Ist sie nun wichtiger als Gott? Sie antwortet mit derselben Ernsthaftigkeit und abwägenden Art, wie auf alles andere davor: „Die Bibel und Gott lassen sich nicht abgrenzen. Gott spricht durch die Bibel." Sie würde die Bibel und Gottes Geist gleichsetzen.

Mir sticht ganz zum Schluss ihre Matroschka auf einem Sideboard ins Auge. Sie ist das einzige Indiz, das auf Elenas Herkunft deuten könnte. Hier im Osten sind die Holzpuppen noch so verbreitet, dass sie niemandem auffallen dürfte.

Thomas, 27, in Berlin

„Wie konnte ich das einfach so mitmachen?"

Thomas Bruckschen hat eine Zigarre im Mund auf seinem Facebookprofil. Seine Freundin Hanna postet in seiner Timeline ein Video. Darin tanzt ein Bräutigam mit seinen Trauzeugen für die Braut, die sich nicht wieder einkriegt. Daraufhin kriegen sich die Facebookfreunde von Thomas fast nicht wieder ein und wollen wissen, wann die Hochzeit von Thomas und seiner Freundin geplant ist. Ist sie gar nicht. War ein Witz unter Liebenden.

Seit 2009 wohnt Thomas mit Hanna zusammen in Berlin. „Eigentlich sind wir doch immer in Hochzeitsvorbereitungen", findet er und ist sich „hundert Prozent sicher", dass er Hanna mal heiraten möchte. Ihm war es wichtig, vorher ein paar Jahre mit ihr zusammen zu sein.

Beide stammen aus Essen. Thomas findet, dass es einiges entspanne, wenn man die gleichen Wurzeln hat. Das sei so ein „Mentalitätsding". Vor allem teilen Thomas und Hanna auch eine Glaubensgeschichte. Thomas ist katholisch, wurde „da so reingeboren". Als Kind sei er oft überhaupt nicht begeistert gewesen von den Kirchenbesuchen. Das habe sich nach der Kommunion geändert. Er war lange Messdiener und fand es toll. Das Zeremonielle hat ihn fasziniert und auch Teil eines größeren Geschehens zu sein, das für viele wichtig ist und sich auch nicht so schnell ändert.

Mit 15 oder 16 Jahren kamen Fragen: „Was mach ich hier eigentlich? Ist das noch meins?" Und genau dieser Ritualcharakter des Gottesdienstes wurde zum Anstoß: „Man folgt blind einer uralten Ordnung. In dem Ablauf ist gar keine Zeit, um innezuhalten." Ihm fehlte der Moment, in dem er in sich gehen und Gott nah sein konnte. Diese Einsicht sei keine schlechte Erfahrung gewesen.

Seitdem ging er nur noch sporadisch in die Kirche, gehörte aber noch zur katholischen Jugend seiner Essener Gemeinde. Hier traf er seine Freunde. Mit ihnen nahm er regelmäßig an einer Herbstfreizeit teil. Hanna und er sind auch als Mitarbeitende auf diese Freizeit gefahren. Es ging um Werte, nicht um Mission, und sie konnten selbst mitgestalten. Die Freizeit wurde zur wichtigen, regelmäßigen Institution in seiner Biographie.

Mit dem Umzug nach Berlin fielen die eingespielten Gemeindekontakte, „der Automatismus der Gruppe", weg. „Berlin war ein Schnitt, wo ich mich noch mal bewusster gefragt habe, was ich mit meinem Glauben machen will." Über neu gewonnene Freunde seien sie in eine freie Berliner Gemeinde gekommen und geblieben. Für ihn war das „eine ganz andere Erfahrung", in einen „offenen, freikirchlichen Gottesdienst" zu kommen. Mit vielem konnte er zunächst nichts anfangen – gefühlt sei die Gemeinde für ihn schon in der Nähe einer Sekte gewesen. Sie hätten viel mehr die Hände eingesetzt beim Singen. Erst als er seine Hemmungen beiseite schieben konnte,

DER FRUCHTEFFEKT

Scheinbar markiert sie jede Phase
dieses Lebens. Wieso haben wir
diese Frucht gegessen?
„Raus aus Eden!“, war die logische
Konsequenz und mehr als alles
andere spür ich das jetzt,
wie sie mich zerreißen will und
Gedanken einredet,
Manipulation meiner selbst.
Eine Krankheit namens Sünde, der
Stolz des Menschen
sind die Hintergründe.
Der Tod ist das Symptom. Die
Verdammnis der Seele
der ewige Lohn.
Doch wart mal! Da kam dieser Mann,
der am Kreuz geschlachtet wurde
wie ein Lamm.
Das heilige Blut, ja, es tropfte auf die
dreckige Erde und es klopfte
an der Todestür. Es ist
Jesus, wie ein Königslöwe in
triumphierender Größe.
Was ich nicht tun will, tu ich doch.
Immer wieder stopf ich
mein inneres Loch.
Lass all den Schrott in meinen Kopf,
um zu sehen, es macht keinen Sinn
und ich stopp.
Kehre um, komme zurück zu dir, Gott!
Allein deine Gnade zieht mich
aus dem Trotz
meiner Sünde, welcher ich heut
erneut die Freundschaft kündige
Sünde zerreißt, innerliche Schreie,
das Gewissen verstummt
auf kalte Art und Weise.
Wie ’ne Peitsche, Folterschläge
auf die Seele in Dauerschleife.
Jesus, erhöre mein Gebet. Ich blick
einfach nicht mehr durch
und was da entsteht scheint
irgendwie aussichtslos. Glaub nicht
dem Zufall, diesmal zog ich‘s
falsche Los. Wieder mal
hab‘ ich mich voll verrannt, trage
ein Brett vorm Kopf und es nicht
erkannt. Ich bitte dich,
reich mir deine Hand. Du bist mein
Heiler und um Wunden gehört
Verband. Seit Stunden,
warte ich gespannt auf deine
Gegenwart, egal, was es mich
abverlangt. Ohne dich ergibt das
alles keinen Sinn. Du bist mein Vater
und du nennst mich dein Kind.

KEVIN NEUMANN

KURZPORTRÄT

Kevin Neumann hat in Wolfsburg Autohimmel montiert, um seine CDs produzieren und dann verschenken zu können. Viele hätten ein verqueres Gottesbild und ihm sei wichtig, das geradezurücken, erklärt er. Sein neues Album „Himmelswelten“ kann man aber auch kaufen. 2015 hat er den christlichen Contest „SongTalent“ gewonnen und stand daraufhin beim Kirchentag auf großer Bühne. Mit Mitte 20 ist er der Jüngste unter unseren Songtextern. Ihn motiviert ein Bekehrungserlebnis, das er mit erstaunlich klassischen Worten beschreibt: „Als ich meine Herzenstür öffnete und ernsthaft zu Jesus rief, bewegte sich etwas tief in mir drin.“
Besucht ihn auf www.kevinneumann.de

habe er sich darauf einlassen können. Es störe ihn jetzt nicht mehr, wenn jemand die Hände im Gottesdienst hebt. Er mache beim Gebet einfach die Augen zu. Denn es seien ihm auch Dinge positiv aufgefallen. Vieles habe offener gewirkt als in der katholischen Kirche. Das Brotbrechen beim Abendmahl zum Beispiel, wo jeder ein Stück in die Hand bekommt und das Ereignis richtig lebendig wird, kam ihm viel schöner vor als der symbolische Akt in der katholischen Messe.

„Inzwischen gibt es wieder viele Stellen, wo ich überhaupt nicht zufrieden bin." Beim Gemeindewochenende hieß es plötzlich: „Männer und Frauen schlafen getrennt." Absurd für sie als Paar, das seit Jahren erwachsen ist und zusammenlebt. Durch den Impuls eines Freundes hätten sie im Nachhinein noch mal das Gespräch mit der Gemeinde gesucht. Daraufhin entbrannte eine „krasse Diskussion", die er sich so überhaupt nicht habe vorstellen können. Das sei der erste Punkt gewesen, an dem er festgestellt habe, dass es da ganz viele Normen gebe. Die Antwort wurde in der Bibel gesucht. Mit dieser Erfahrung habe sich eine Art Schleier gelüftet, „den man vielleicht am Anfang hat, wenn man sich zuerst wohlfühlt." Zum Beispiel beim Singen: Am Anfang hat er viel Gitarre gespielt in der Gemeinde. Die Worshipleitung wollte er aber nicht übernehmen, „weil es immer wieder auch Liedtexte gibt, mit denen ich nichts anfangen kann, weil Jesus so was nicht wollen würde." Thomas erkennt Ähnlichkeiten zur katholischen Kirche, zum Beispiel bei dem, was er „Unterwerfungsriten" nennt. Die hätten in der katholischen Kirche einen hohen Stellenwert, wenn sie auch eher Ritus als tatsächliche Handlung seien – „mehr Schein als Sein". In der freien Gemeinde würden solche Riten zwar tatsächlich etwas meinen und seien auf den ersten Blick offener. Auf den zweiten findet er sie aber manchmal sehr viel strenger: „Ich respektiere das total, aber es ist nicht meins." Und dann sagt er den geradezu ironisch klingenden Satz: „Was ich in der katholischen Kirche schwierig fand, ist hier noch ernst gemeint." Inzwischen könne er seine Gemeinde gut stehen lassen, wie sie ist, und gleichzeitig sagen, wo er sich nicht wohlfühlt und was er nicht teilt.

Er sei Skeptiker. Zur Bibel habe er kein besonders gutes Verhältnis. Er tue sich schwer damit, sich „an etwas zu binden, das so alt ist." Vieles sei heute einfach nicht mehr zeitgemäß. Er habe wirklich ein Problem damit, dass Menschen einen Glauben auf ein Buch stützen „wie ein stupide arbeitender Richter". Der Gemeindestreit klingt bei ihm manchmal noch durch, doch immer schwingt ein versöhnlicher Ton darüber mit. Es stehe viel „Schwachsinn" in der Bibel, aber auf der anderen Seite auch vieles, „das viel wert sein kann." Viele Geschichten seien sehr inspirierend, bei anderen denke er: „Mein Gott, so was sollte gestrichen werden." Er findet es typisch katholisch, Gutes mitzunehmen und anderes einfach zu ignorieren. Selbst lese er nicht in der Bibel: „Die Inhalte, die ich gut finde, sind oft die, die in Kinderbibeln vermittelt werden." Personen sind für Thomas wichtigere Bezugspunkte für seine Überzeugungen. Hanna zum Beispiel.

Thomas ist sich bewusst, dass er „nie missionarisch arbeiten könnte". Obwohl er es bewundernswert findet, wenn jemand so überzeugt ist. Er würde genau wie auf der für ihn so prägenden Herbstfreizeit den Glauben loslösen wollen von den Werten. Die findet er nämlich wichtig: Nächstenliebe, auf die Umwelt achten, helfen, Familie wertschätzen, Materielles nicht über körperliches Wohlergehen stellen, einander verzeihen. Diese Werte bräuchten aber den Glauben nicht. Dafür sei ihm wichtig, sie in seinen Alltag zu integrieren. „Ich bin gerne nett zu Leuten." In politischer und gesellschaftlicher Hinsicht bringe ihn einiges auf die Palme. Da habe er einen Anspruch an die Gesellschaft und der sei von seinem Glauben geprägt: „Wenn die Leute alle die Bibel richtig ausleben würden, würde das alles in der Gesellschaft nicht so schlecht laufen wie heute."

Jesus ist für Thomas vor allem als historische Person bedeutsam, weil er die für ihn so wichtigen Werte verkörpert habe, wie wir gut zusammenleben können. Er sei für ihn ein intelligenter Mensch, jemand, der für damalige Verhältnisse wahrscheinlich schon sehr weit gewesen sei in seinem Denken. Das Kreuz sei für ihn ein Symbol der Kirche: „Gestorben für unsere Sünden? Nee, gestorben für seine Überzeugungen und dafür, dass man nicht aufgeben darf." Er wundert sich: Sollte das nicht normal sein, dass man so denkt?

Er sei bis heute auf der Suche, was für ihn das Richtige sei, ob Gottesdienst noch passe. In Sachen Glaube kann die Reise also noch dauern, beruflich ist Thomas schnell fündig geworden: „Ich geh jeden Tag gern zur Arbeit. Das ist mein Traumberuf." Wobei er das erst weiß, seit er ihn ausübt. Er habe schon immer viel gemalt und gezeichnet. Als kleines Kind habe er die Zettel von kleinen quadratischen Blöcken voll gekritzelt. Er wollte einen entsprechenden Beruf haben und hat an einer Fachschule für Computerspielentwicklung „Game Art und Animation" gelernt. Gelandet ist er bei einer kleinen Firma in Berlin, die Computergames entwickelt, zum Beispiel kleine Werbespiele. Er sei jetzt „eher Maler als Künstler", nicht jemand, der Konzepte zeichnet, sondern jemand, der sie umsetzt. Nachdem ein Grafiker Entwürfe gemacht hat, wie die 3D-Welt des Spiels aussehen könnte, setzt Thomas sie in die digitale Welt um: Wenn ein Baum etwa eine bestimmte Farbe haben soll, sich der Spieler in der 3D-Welt an dem Baum vorbeibewegt, muss sich die Farbe entsprechend verändern – wie im wirklichen Leben.

Seine Freizeit ist ihm heute oft wichtiger als der Gottesdienst. Er genießt es intensiv, draußen zu sein, zu erleben, „was es für eine schöne Welt ist, in der wir leben". Zufrieden mache ihn, wenn er mit Menschen Schönes erlebe, zwischenmenschlich gute Erlebnisse habe. Sonntags ist Pause, der Alltag fällt weg, das Internet nutzt er nicht.

Er habe das erst in Berlin gelernt, sich Gedanken zu machen und sie auch selbst zu vertreten. Das sei in der katholischen Kirche eher nicht passiert. Wenn er heute beim Besuch in Essen einen katholischen Gottesdienst besuche, komme ihm das ganz seltsam vor: „Die Ostermesse war ganz schwierig – ein Kulturschock!" Sie sei ihm wie eine Trauerveranstaltung vorgekommen. „Mein Gott", bricht es ungläubig aus ihm heraus, „wie konnte ich das früher so einfach mitmachen?"

Die Diskussion in der Gemeinde damals um die Übernachtung von Männern und Frauen sei schließlich von der Gemeindeleitung beendet worden. Sie hätten in der Bibel nichts gefunden, was gegen ein gemeinsames Übernachten von Männern und Frauen spräche. Diese Lösungsstrategie sei überhaupt nicht seine Art, mit Fragen umzugehen: „Das hat für mich nichts mit Glauben zu tun." Es hat ihn offensichtlich schockiert, so in seinen Rechten beschnitten zu werden. Er ist sich sicher, dass ihm das in der katholischen Kirche nicht passiert wäre.

Dann zitiert Thomas noch einen Text aus dem Buch „Als Gott ein Kaninchen war" von Sarah Winman: „Ob ich an einen bärtigen, alten Mann in den Wolken glaube, der uns Sterbliche anhand einer Moralpunkteskala von eins bis zehn bewertet? Herrje, nein, das tue ich nicht.

Aber glaube ich an ein Geheimnis, an das unerklärliche Phänomen, das das Leben selbst darstellt? Dass etwas Höheres die Belanglosigkeit unseres Lebens erhellt, etwas, nach dem wir streben können und das uns die Demut gibt, uns den Staub abzuklopfen und wieder von vorn zu beginnen? Ja, daran glaube ich.

Es ist die Quelle der Kunst, der Schönheit und der Liebe, es ist ein Angebot an die Menschheit, das Angebot des ultimativ Guten.

Das ist Gott für mich. Das ist das Leben für mich. Das ist, woran ich glaube."

Stefanie, 31, in Berlin

„Gott ist die erste Größe im Befreiungsbusiness."

Stefanies Fragen brachten sie bis ans andere Ende der Welt: nach Neuseeland, 24 Flugstunden von Deutschland entfernt. Die einzigartigen Inseln locken nicht nur Herr-der-Ringe-Fans in ihre fantastische Wildnis. Es ist ein Land für Aussteiger und Entdecker. Auch sie war „auf dem Absprung", wie sie sagt. Sie ist eine Fragende. Aber eher selbstbewusst wie Galadriel und nicht zweifelnd überfordert wie Frodo Beutlin. Ihre

Fragen stellen sie nicht selbst infrage, auch wenn sie von den Antworten ihr Leben komplett verändern lässt. Das strahlt sie aus und so klingt auch ihre Stimme: tief und voll. Wer mit ihr spricht, richtet selbst den Rücken etwas auf. Ihr Selbstbewusstsein ist erstaunlicherweise ansteckend. Was sie am Ende der Welt gefunden hat, war aber gar nicht neu, und es verhalf ihr eher zum Wiedereinstieg als zum Aussteigen. Es war ihr von Kindheit an vertraut.

Sie wurde katholisch getauft. Ihre Großeltern haben mit ihr das Ave-Maria gebetet, auch ihre Eltern sind Christen. Gebet gehörte zum Alltag. Alle in ihrer Familie, auch ihre zwei Jahre ältere Schwester, haben ihr eigenes Verhältnis zu Gott. „Man hatte immer das Gefühl, dass da eine ganz starke Kraft im Leben ist, die herausfordert und hält." Schon früh erlebte sie Gott den Vater, Jesus, den Sohn, den Heiligen Geist und alle drei zusammengehörig. Sie besuchte regelmäßig mit ihrer Familie die Messe, war Ministrantin. Aber als sie dann in Ulm zur Schule ging, veränderte sich ihr Kontakt zur Kirche. 1999 – da war sie 15 – telefonierte sie mit ihrem besten Freund. Sie weiß es noch wie heute. Mitten im Gespräch sagte sie den Satz: „Ich glaube, es gibt keinen Gott." Es war ausgesprochen. Und dann kam eine große Traurigkeit: „Ich hatte das Gefühl, jetzt muss ich mich allein durchschlagen."

Dabei war sie alles andere als allein. Sie gehörte nicht zu den Jugendlichen, die viel für sich sind. Mit einer etwas älteren Freundin zog sie von Freundeskreis zu Freundeskreis – einer war in der Stadtmitte, ein anderer am Stadtrand. Sie lernte in dieser Zeit andere Milieus kennen. Länger als eineinhalb Jahre hielt es sie nirgends. Sie schätzt, dass sie in den Jahren zwischen ihrem elften und ihrem 23. Geburtstag in 15 verschiedenen Freundeskreisen war. Sie war neugierig, wollte wissen, „warum die Menschen früh aufstehen, was ihr Lebensmotor ist." Immer waren die Kontakte intensiv, die Gespräche immer wieder grundsätzlich. Heute trifft sie die Freunde von damals kaum noch. Aber sie sagt: „Ich trag die Leute mit mir rum. Ich erinnere die Menschen und die Gespräche." Von all dem blieb das Gefühl: „Die Menschen können mir nicht geben, was ich suche." Sie hatte die Ahnung: „Da kommt noch mehr."

Sie liebt Sprache, schreibt Gedichte, Tagebuch, liest viel. Heute hat sie ein riesiges Bücherregal. Doch die Ahnung bleibt. Mit ihren Eltern führt sie intensive Gespräche, immer und besonders in dieser Zeit. Sie geben ihr ein Gefühl von Freiheit und wecken auch ihr Bedürfnis danach. Bis heute sind ihre Eltern Vorbilder, von denen sie schon als Kind den Eindruck hatte: „Wenn ich nur ein bisschen werde wie sie, habe ich viel erreicht." Vor allem ihre Mutter fasziniert sie zutiefst. Sie sei ihre „Heldin", sagt sie. Sie habe als Lehrerin an einer Hauptschule vielen Kindern das Gefühl vermittelt: „Wir brauchen hier jeden." Dass Leben kostbar ist, hält sie für einen der großen Gedanken, mit denen sie aufwuchs. Einen, den es zu entdecken gilt. Noch heute, in ihrem Ruhestand, erschließen sich ihre Eltern immer neue Themen. Man darf im Haus Linner immer Fragen stellen.

Und Fragen hat Stefanie irgendwann mehr und mehr, einen „Strudel aus nie enden wollenden Fragen: Kann Gott tatsächlich ein Ja zu den Menschen haben? Gibt es wirkliche Freiheit bei Gott oder bedeutet Glaube eine zunehmende Bedrängnis durch Gesetzlichkeit? Liebt Gott die Frauen wirklich? Heißt Gottesglaube, meine Fragen aufgeben zu müssen?" Sie treiben sie so um, dass sie eine Lebensentscheidung zugunsten dieser Fragen fällt: „Für mich war immer klar, ich werde Philosophie studieren, damit ich den Lebenssinn finde." Das Studium beginnt sie in Augsburg. 2006 geht sie nach Neuseeland. Dort lernt sie eine junge Frau aus Tansania kennen. Die stellt die großen Fragen mit ihr zusammen. Und sie fragt endlich zurück: Jeder Mensch habe doch eine Grundtendenz für oder gegen ein Leben mit Gott, was denn Stefanies Grundtendenz sei? Da wurde Stefanie klar, dass es in ihr ein ganz deutliches Ja gab. „Meine ganzen Fragen müssen mich nicht umschmeißen. Ich kann erstmal mit Gott darüber reden." Damit begann für sie ein neues Leben, sagt sie. Reden und Denken – all das lerne sie wie neu, „als würde da was neu aufflammen, neue Inspiration von Licht." Die Predigten von Joyce Meyer, einer US-amerikanischen Predigerin, prägen sie in dieser Zeit. Heute sagt sie: „Bei Gott weben sich die inneren Fäden zusammen. Die Lebenswege sind total richtig und wichtig."

Von der Freundin lässt sie sich mit 22 Jahren noch einmal taufen. Für sie sind beide völlig voneinander getrennt: ihre Kindheit mit dem Gefühl, gehalten zu sein, mit katholischer Messe und Ave-Maria – und das, was sie ihren „eigenen Weg" nennt als Erwachsene. „Die Erinnerung an den Kindheitsglauben war ein Teil meines Lebens." Als Erwachsene stellte sich ihr eine ganz andere Frage, eine nach Leben und Tod. Sie hatte das Gefühl, ihr Ja zu Gott brauche eine ganz grundsätzliche Äußerung, Öffentlichkeit. Die Taufe war für sie passend. „Das hat sich ganz organisch ergeben."

Dass die Wiedertaufe unter Christen umstritten ist, erfährt sie erst viel später. „Heute würde ich da anders rangehen, damals wusste ich von alldem nichts." Sie verstehe die „Validitätsfrage", wie sie sagt, die Kritik, dass die Wiedertaufe in gewisser Weise die Gültigkeit der ersten Taufe infrage stellt. Sie verstehe sie auch als Rückfrage an ihre Entscheidung. Und sie erlebt, dass „Christen da sehr verletzend sein können." Es bleibt ihre feste Überzeugung, dass man die Entscheidung für eine solche Taufe „mit seinem Lebensweg und mit seinem Gott und seinem Gewissen vor Gott erringen" darf. Für sie bleibt diese

Entscheidung stimmig, ihre zweite Taufe ein einschneidender Moment: „Das wird mir für immer in Erinnerung bleiben."

Von Neuseeland bringt sie ihren neuen Glauben mit nach Hause. Wieder gibt es viele Gespräche im Elternhaus und wieder erschließt sich gleich die gesamte Familie ein Thema neu. Heute wird bei Linners frei gebetet. Sie würden jetzt als Familie nach Gott fragen, erzählt Stefanie mit viel Selbstverständlichkeit. Es ist eine freikirchliche Kultur ins katholische Volkskirchentum eingezogen. Die Heiligkeit Gottes bekommt eine Nahbarkeit, eine „alltägliche Dimension". Sie empfindet es als Geschenk, dass sie das mit ihren Eltern teilen kann. Ihre Verbundenheit zur Bibel entwickelt sich weiter: „Die Sprache der Bibel ist himmelsöffnend. Darin zu lesen, ist wie eine die Herzenskammer öffnende Handreichung zwischen mir und Gott, ganz ohne Lücke." Ihre große Frage ist nun: „Was bedeutet eine Weltordnung nach Gottes Herz?" Die Bibel gebe ganz stringent Hinweise auf Gottes Herz für Gerechtigkeit in allen menschlichen Dimensionen. Entsprechend sei Micha 6,8 ein Vers, mit dem sie viel umgehe: „Gott hat eine Erwartung an uns! Er hat uns ein Grundgespür für Gerechtigkeit gegeben." Sehr ernst nimmt sie auch Lukas 12,48: „Wem viel gegeben ist, bei dem wird man viel suchen", denn sie weiß, dass sie selbst mit vielen Gaben gesegnet ist. „Da müssen sich die Schleusen öffnen."

Zurück in Deutschland beendete Stefanie ihr Studium in Heidelberg. Sie machte eine Sprecherausbildung mit der Aussicht, Synchronsprecherin oder Moderatorin zu werden, und arbeitete parallel drei Jahre lang als persönliche Assistentin einer Rollstuhlfahrerin, die damals um die 30 war. Bei ihr sah sie eine schwer geprüfte und dann entschieden positive Grundeinstellung zum Leben: „Wenn man das Leben mit einem Ja annimmt, dann kann man sich allem stellen." Das präge ihre eigene Lebenshaltung bis heute. Sie versuche, „jeden Tag mit einer Vertrauenshaltung in Empfang zu nehmen, sehen zu lernen, was für Gott das Lebenswichtige ist." Was sie so richtig aufregen könne, sei Pessimismus.

Nach Neuseeland war sie einige Jahre Single. Eine Partnerschaft wollte sie nur, wenn es „der Richtige" war. „Die Kompassnadel wies in eine andere Richtung." Sie hatte den Wunsch, an etwas Großem beteiligt zu sein. In ihrem christlichen Umfeld entstand bei ihr oft der Eindruck, man müsse sich als Frau erst mit einem Mann zusammentun. Erst dann finge das richtige Leben an. Von selbst würden sich Frauen oft nicht zutrauen, was an Möglichkeiten in sie hineingelegt sei. Davon habe sie sich freigemacht – mit einer Freiheit, die sie auf Gott zurückführt: „Gott ist die erste Größe im Befreiungsbusiness." Sie gründet eine Lokalgruppe der Micha-Initiative in Heidelberg. Dieses Netzwerk macht sich in über 40 Ländern stark für Gerechtigkeit in der Welt und wird dabei in Deutschland unterstützt von der Evangelischen Allianz, dem Dachverband der Evangelikalen, und vielen einzelnen Verbänden. Es geht also um Gottes Gerechtigkeit und um etwas Großes. Micha, das ist so sehr ihr Ding, dass sie dafür 2015 ein Stipendium sausen lässt, nach Berlin zieht und eine neue Stelle annimmt: Sie koordiniert die deutschlandweite Arbeit des Netzwerks, das sich auch als Bewegung versteht. Durch Micha kommen Glaube und Leben für sie immer mehr zueinander – auch ausgerechnet durch ihre neue Nutzung des in Berlin viel gescholtenen Nahverkehrs: „Ich hatte leider lange ein eigenes Auto." Ironisch irgendwie, dass sie nur drei Monate vor diesem Job „in eine Beziehung" kommt mit einem „tollen Mann", einem Stuttgarter Grafikdesigner.

Mit der Micha-Initiative möchte sie nicht in eine Anwaltsrolle kommen. Sie leihe zwar gern Texten von anderen ihre Stimme, aber stellvertretend für andere sprechen? Sie will den Menschen ihre Stimme nicht abnehmen: „Menschen passen sich

Systemlogiken an", bedauert sie und will ermutigen: „Wir sind von Gott in die Lage gesetzt, unser Leben zu verändern." Ob politisch, sozial oder ökologisch – Micha ist für sie ein „Ermöglichungsgeschäft". Das beginnt bei ihr mit sehr viel Zuhören. Ob es um andere Religionen geht, Mission, Gemeindebesuche, Werbung für Initiativen von Micha – alles beginnt für sie im Hören: „Und dann kann ich nachfragen. Dann kann ich in ein Gespräch eintreten." Nichts nerve sie so wie Menschen, die andere Menschen festlegen, ihnen sagen, wie sie wirklich seien. Oder wenn es im Gespräch Tabuzonen gebe: „Ergebnisoffenes Reden ist so eine wichtige Grundwährung." Selbst im Konflikt entscheidet sie sich für ein Hören, ein genaues und empathisches: „Was bewegt diesen Menschen? Wie können wir gemeinsam, von Gottes gerechtigkeitsliebendem Herzen geleitet, die Welt bewegen, im Kleinen oder Großen?" Stefanie, die Zuhörerin, ist immer noch eine Fragende, will verstehen und spricht sich dabei mit ihrer klaren Stimme für Gottes Gerechtigkeit aus.

Was willst du von mir?
Vergebung? Hier ist sie.
Was machst du nun?
Einfach weiter wie bisher?
Sieh dich mal um, da ist nichts mehr.
Und du willst Vergebung? Hier ist sie.
Du bist weit gekommen bis hierher,
deine Zeit ist gekommen, nun sieh her.
Es hat alles begonnen mit nicht mehr
als dem Samenkorn deines Schöpfers.
Den Grundstein gelegt, eine Welt zu benennen,
gab ich dir Bewusstsein, um dich zu erkennen.
Gab dir Kraft zu erschaffen und 'n Garten Eden,
um Erfahrung zu machen und um mich zu erleben.
Mich, den du in jedem Winkel finden kannst.
Ich biet dir Hilfe an, wo und wann du nach ihr verlangst.
Bin ein Wunder und werd immer mitten unter euch weilen,
euer Hoffen erhören und eure Wunden heilen.

Sieh diese Narben, sieh diese Tränen,
sieh diese Arme, die sich nicht wehren,
sieh diese Augen, die Hoffnung teilen,
sieh diese Hände, die offenbleiben.
Hör diese Worte in deinen Ohren:
für dich gestorben, für dich geboren,
für dich gelitten, für dich am Leben,
um dich zu bitten, dir zu vergeben.
Vergebung, hier ist sie.

Nun sieh dir selbst zu, sieh wie du handelst,
sieh einer Welt zu, die sich verwandelt.
Vielleicht erkennst du vor allen andern
so manchen Engel und Dämonen mit dir wandern.
So weit sind Vater und Sohn nicht auseinander,
vereint im Heiligen Geist
mit allen andern am Anfang der Zeit.
Doch ein Teil dieser Einheit,
die wir hatten, bist du nicht,
dein Licht wirft Schatten.
Zwar seid ihr mehr als ein Schimmer, der bleibt.
Wann immer Dunkelheit mal wieder um sich greift
Doch solang ihr nach Vergeltung und Gerechtigkeit schreit,
vergesst nicht, wie zerbrechlich ihr seid.
Die Gutes tun, bitten mich sie zu verschonen.
Die nur so tun, bitten mich sie zu belohnen.
Und dann am Ende steht die Krone der Schöpfung
und öffnet die letzte Tür und kehrt zurück zu mir.

Dein Wille geschehe, hör gut zu,
denn Erfahrungen färben die Seele.
Du kriegst, was du gibst, doch was tust du?
Hier gibt dir niemand Befehle
zwischen Himmel und Erde.
Wen suchst du,
um deine Taten zu vertreten,
und dann am Ende des Lebens,
wen rufst du?
Dir zu vergeben und für dich zu beten.

THOMAS D

KURZPORTRÄT

Warum er? Das fragten sich viele, als Thomas D 2009 beim Kirchentag in Bremen als Top-Act angekündigt wurde. Viele wussten: Der „Krieger" von den Fantastischen Vier ist Peta-Aktivist, Vegetarier und spirituell ist er obendrein. Aber ist der Stuttgarter Christ? Als er in Bremen „Vergebung, hier ist sie" anstimmt, sind die Kirchentagsbesucher baff. Thomas D schlüpft in diesem Lied in die Rolle von Gott. So kraftvoll hat lange niemand mehr das altbekannte „Für dich gestorben" performt. Als Christ bezeichnet Thomas D sich nicht. Er bleibt ein Suchender.

Alina, 25, in Rom

„Ich will helfen, den Glaubensschatz der Kirche gut durch die Zeit zu bringen."

Auf Alinas Schulweg liegt St. Ulrich und St. Margaretha, die Dorfkirche in Arnach, einem kleinen Ort im Allgäu. Als Kind ist sie oft hineingegangen und hat eine Kerze angezündet. Alina war fasziniert von diesem barocken Raum, dem goldenen Altar, der Pracht und Atmosphäre, die sie schon damals als heilig empfunden hat. Von außen schien die Kirche so schlicht in ihrem leichten Gelbton, und doch erhaben, mit ihrem Kirchturm in der Dorfmitte, der schon von Weitem zu sehen ist. Nach der Erstkommunion wollte Alina Ministrantin in der Pfarrei werden. Jede Woche ging sie zur Messe. Der Wunsch mitzuwirken wie die älteren Kinder, brannte in ihr. Bei der Fronleichnamsprozession durfte sie die Muttergottes tragen. „Aber ich wollte vorne mit dabei sein", erzählt sie. Sie wollte ein Ministrantengewand tragen, Weihrauch schwenken, mitgestalten. Aber Alina durfte nicht. Weil Mädchen es nicht durften.

„Das sitzt bis heute tief", sagt sie – auch wenn sie mittlerweile Verständnis hat für ihren Pfarrer: „Er wollte nichts falsch machen", sagt sie. Er habe es nicht böse gemeint, sie könne ihm das heute verzeihen. Als Kind aber setzte sie sich zur Wehr: Sie schrieb ihm einen Brief. Der Pfarrer antwortete prompt und versuchte, seine Haltung zu erklären. Es folgten weitere Briefe. Er konnte sie nicht überzeugen. In Alina wuchs der Wunsch, ihre Kirche und die katholischen Dogmen besser zu verstehen und vielleicht sogar zu verändern. Sie fing an, theologische Texte zu lesen. Der Aufsatz eines Tübinger Professors blieb ihr besonders im Gedächtnis: Er sprach sich für das Frauenpriestertum aus. Schon damals wusste Alina: „Sollte ich einmal Theologie studieren, dann liberale Theologie in Tübingen." Sie wollte die Rolle der Frau stärken und Argumente finden, mit denen sie konservative Pfarrer wie den ihrer Heimat umstimmen konnte. Alina wollte eine Liberale werden. Und dann hat sie das liberale Tübingen konservativ gemacht.

Ich treffe Alina in Rom. Sie hat Tee gekocht und bietet Kuchen an. Seit einer Woche wohnt die 25-Jährige hier zur Untermiete bei einer Dame, deren Töchter zum Studium weggezogen sind. Den Vatikan kann sie zu Fuß erreichen, bis zur nächsten U-Bahn-Station ist es nicht weit. Für ein Semester wird Alina in der Ewigen Stadt bleiben und katholische Theologie studieren. Als eine der wenigen Frauen mischt sie sich unter all die Kleriker. Alina war Schülerin des Salvatorkollegs in Bad Wurzach. Dort wurde morgens vor dem Unterricht gebetet und sie fuhr zu Besinnungstagen, die der Schulseelsorger, ein Priester der Schule, organisierte. Alina besuchte das Ordenskolleg nicht, weil ihre Eltern es bewusst ausgesucht hätten, es war schlicht das nächstbeste Gymnasium. Die Schule war für Alina ein Glücksfall. Hier konnte sie sich einbringen, hier fand sie einen Glauben, der keine Unterschiede machte zwischen Mann und

Frau. Hier fand sie, was ihre Dorfkirche und der Pfarrer nicht hatten leisten können. Und sie fand auch ein intellektuelles Gegenüber – einen Pater, mit dem sie bis heute Kontakt hat und den sie noch immer ab und zu trifft, wenn sie in der Heimat ist.

Arnach, ihr Heimatdorf, liegt an der Grenze zu Oberschwaben. Ravensburg ist nicht weit weg, der Bodensee, die Schweiz und Österreich. Arnach hat knapp 1500 Einwohner, den Schmiedebach, eine Kreissparkasse, eine Volksbank, einen Dorfmarkt, einige Landwirtschaftsbetriebe, eine Schäfereigenossenschaft und eben die katholische Kirchengemeinde St. Ulrich und St. Margaretha. Dass Alina so konservativ geworden sei, sei angesichts ihrer Eltern verständlich, meinen manche. „Sie sind klassische Achtundsechziger", sagt Alina. Eine ältere Dame habe sich damals dreimal bekreuzigt, als Alinas Vater einmal mit zwei ebenfalls langhaarigen Freunden in der legendären Ente vorbeigefahren sei. „Lange Haare, das war damals auf dem Dorf eine Revolution." Zu Hause hatte die Familie eine große Plattensammlung. „Meine Mutter hat sie alle gesehen: die Stones, The Who, Pink Floyd", erzählt Alina. Zudem bereiste Alinas Mutter die typischen Reiseziele ihrer Generation: Indien und Nepal. Das Yoga, das ihre Mutter noch immer praktiziert, hat Alina übernommen.

So ungewöhnlich lange Haare im Oberschwaben der Siebzigerjahre waren, so selbstverständlich gingen Alinas Eltern in die Kirche. „Du konntest nicht *nicht* in der Kirche sein", sagt Alina. Auch nicht als Hippies. Noch heute besuchen sie regelmäßig den Gottesdienst in St. Ulrich und St. Margaretha. „Meine Mutter ist sehr marienfromm, wie es schon meine Oma war."

Wenn ihr wieder einmal das Etikett „konservativ" aufgedrückt wird, das auch so gut zu den gedeckten Farben ihrer Kleidung passt, zeigt sie gern ein Foto von ihrer jüngeren

Schwester. Darauf steht sie neben einer Farbenfrohnatur, die gerne auf Festivals fährt. Sie schätzen einander, sie wissen um ihre Verschiedenheit.

Doch es war Alina, nicht ihre Schwester, die immer von zu Hause weg wollte. Am liebsten nach Berlin. Nach der Schule zog sie mit 19 zuerst nach Tübingen und besuchte das Ambrosianum, eine ehrwürdige Ausbildungsstätte, die auf das Theologiestudium vorbereiten soll. Obwohl sich Alina gar nicht mehr so sicher war mit ihrem Studienwunsch aus der Kindheit.

Die Philosophie habe sie gereizt, weil sie sich immer schon für die großen Fragen des Lebens, ja, für die Wahrheit, interessiert habe. Alina wollte ergründen, „was die Welt im Innersten zusammenhält." In der Schule hat ihr Deutschlehrer den Faust mit ihnen gelesen und dann Heidegger und die anderen Existenzialisten zitiert: „Warum ist etwas und nicht vielmehr nichts?" Das hat sie nicht mehr losgelassen. Sie hat selbst angefangen, die Texte der großen Philosophinnen und Philosophen zu lesen und war fasziniert von der Gedankenwelt, überlegte, Philosophie zu studieren, um Journalistin zu werden. Bereits als 15-Jährige hatte sie für die Lokalzeitung geschrieben und daran Gefallen gefunden. Weil sie sich mit der Studienwahl noch nicht ganz sicher war, kam ihr das Ambrosianum gerade recht. Innerhalb eines Jahres lernte sie dort Griechisch, Latein und Hebräisch – und entdeckte ganz nebenbei doch die Theologie wieder für sich. Die Weite dieses Studiums faszinierte sie und schien ihr dann doch ganz passend für ihre Zukunftspläne. Auch weil in der katholischen Theologie die Philosophie eine große Rolle spielt. Dazu wählte sie die Politikwissenschaft als Nebenfach. Sie dachte: „Das muss jeder Journalist studieren."

Noch immer war Alina auf der Suche nach einer liberalen Theologie. Sie besuchte einige Seminare und Vorlesungen – und wurde enttäuscht. „Vieles war so oberflächlich!", sagt sie, obwohl sie für die Moraltheologie, Philosophie und teilweise auch Dogmatik und Liturgik schwärmen kann. Die liberale Theologie, die sich Alina aber in Tübingen präsentierte, war in ihren Augen alles andere als freiheitlich und weit. Alina fing an, sich für die Lehre der Kirche zu interessieren. Sie wollte sie verstehen und in die Tiefe gehen. Schnell wurde sie eine begeisterte Leserin von Josef Ratzinger und empfiehlt seine „Einführung ins Christentum“. Was sie an liberaler Theologie in die Finger und zu hören bekam, wollte sich Alina nicht erschließen. Die Liberalen versprühten zu wenig Überzeugungsgeist. Alina tut sich schwer mit der historisch-kritischen Bibelexegese. „Wie sollen wir 2000 Jahre später noch herausfinden, was nun echte Jesusworte sind und was nicht?“ Die kanonische Methode, die sich darum bemüht, alles aus der Bibel selbst zu erklären, liege ihr eher. „Wer eine Hypothese vertritt, sollte nicht so tun, als sei er dabei gewesen.“ Es gebe Indizien, es handle sich jedoch meist nur um Mutmaßungen. Für sie sei nicht so wichtig, ob Jesus nun wirklich etwas ganz genau so gesagt habe: „Entscheidend ist: Wie legen wir es aus?“

Alina will sich nicht so einfach in eine Schublade stecken lassen. Sie will vor allem das Tradierte weitertragen, will helfen, „das Glaubensgut und den Glaubensschatz der Kirche gut durch die Zeit zu bringen, bis dann vielleicht eines Tages eine andere Zeit anbricht.“ Das sei der Kern. Es gehe darum, so jesuanisch wie möglich zu bleiben, sich Jesus nahe zu fühlen und zu fragen, wie er gehandelt hätte: „Würden sich alle so verhalten, würde es auch die Fragen nach konservativ oder liberal nicht mehr geben.“

Dass es Differenzen zwischen den beiden Strömungen gibt, will sie nicht abstreiten. Die seien aber kirchenpolitisch und nicht spirituell. „Dabei interessiert sich doch sowieso schon niemand mehr für Kirchenthemen“, sagt sie. Das Lagerdenken ist in ihren Augen nicht mehr zeitgemäß und eine lästige Debatte unter Christen: „Im Kern geht es uns allen doch um das Gleiche."

Neben den großen konservativen Theologen entdeckte Alina während ihres Studiums auch die sogenannte Alte Messe, die der Priester, abgewandt von der Gemeinde, auf Latein liest. „Alles in dieser Liturgie hat eine Bedeutung", schwärmt sie und holt ihr Messbuch mit Goldrand aus der Handtasche. Immer wieder hört sie den Vorwurf, Liebe zur Tradition sei gleichbedeutend mit rechter politischer Gesinnung. Kann man politisch liberal sein und spirituell konservativ? Oder taugen die Begriffe für unsere Generation schlicht nicht mehr? Alina stellt sie jedenfalls infrage. Mit ihrer ganzen Person. „Mein Mann Florian hat mich fast dazu gedrängt, ein Semester in Rom zu studieren", erzählt Alina. Er hat selbst ein Jahr in der Stadt gelebt. „Vielleicht wollte er nur einen sicheren Schlafplatz in Rom haben", scherzt sie. Obwohl die Dörfer ihrer Kindheit nur wenige Kilometer voneinander entfernt liegen, lernten sie sich erst während des Studiums in Tübingen kennen. Nach seinem Theologiestudium hat Florian den Weg in die Wirtschaft gewählt. Als Mann habe er auch darüber nachgedacht, Priester zu werden. „Jeder Mann, der katholische Theologie studiert, setzt sich mit dieser Frage eines Tages auseinander", sagt Alina. Die beiden heirateten ungewöhnlich früh, da war Alina gerade 23. „Musstet ihr heiraten, damit ihr zusammenziehen durftet?", würden sie oft gefragt, erzählt Alina. Eine leidige Frage, findet sie. Dass sie ein so explizit katholisches Paar sind, führe oft zu Vorurteilen. Sie hätten nicht deshalb geheiratet und übrigens auch schon vorher zusammengewohnt.

Alina ragt heraus. Nicht nur, weil sie als Theologiestudentin eine Frau unter vielen Männern ist. Sie ragt auch mit ihrer Haltung heraus. Sie durchbricht auch in Rom die Schranken zwischen liberal und konservativ: Sie besucht bewusst sowohl Veranstaltungen an der Päpstlichen Universität Gregoriana, der eher liberalen Ausbildungsstätte, als auch am Angelicum, das eher das konservative Lager beheimatet.

Alina wehrt sich gegen die Schubladen, in die sie oft gesteckt wird. Ist ihr das Bild, das Leute von ihr haben, zu konservativ, erzählt sie von ihrer Liebe zum orientalischen Tanz. „Ich bin inzwischen richtig gut darin", sagt sie. Halten sie die Leute für zu liberal, hat sie die Tridentinische Messe in der Hinterhand. Alina will keine Liberale mehr sein und auch keine Konservative. Sie hat die Schubladen satt. Trotzdem: Die Kirche, die sie einst verändern wollte, hat sie verändert. Auf diese Kirche und auf ihre Geistlichen vertraut Alina. Sie hält sich an ihre Weisungen wie an eine Richtschnur. Würde sie sich auflehnen? Zumindest nimmt sie kein Blatt vor den Mund. Selbst Themen, die in konservativen Kreisen gefürchtet sind, packt sie an und scheut sich auch nicht, unbequeme Positionen zu vertreten. „Bei der Priesterinnenweihe habe ich große Zweifel", sagt sie. Sie sei nicht sicher, ob die Kirche diese Vollmacht habe, wenn sie sich an Jesus orientieren will. „Er hat ja nur Männer zu Aposteln berufen, obwohl er sonst so frauenfreundlich war", sagt sie. Bei Kindern gebe es dagegen noch kein Geschlecht. „Es sind Kinder!", betont sie. Gegen Ministrantinnen hat Alina deshalb nichts einzuwenden. Sie würde ihrem Pfarrer auch heute noch widersprechen.

Ralf, 27, in Potsdam

„Ich wehre mich gegen leistungsorientiertes Denken."

Ich habe meine erste Frage noch nicht gestellt, da erzählt mir Ralf schon von seinem Herzensprojekt. Er war 24, als er zusammen mit seinem Zwillingsbruder ein christliches Hilfswerk gegründet hat, den Verein *schif e.V.* (sprich: Schiff). Zwei Schulen in Ghana und in Togo sind über *schif* schon entstanden, christliche Projekte in Griechenland und Südamerika werden unterstützt. In Franken betreibt Ralf seit zwei Jahren Flüchtlingshilfe an zwei Orten, seit diesem Jahr ist jemand für Deutschunterricht angestellt. Finanziert wird das Ganze durch Firmenspenden und zahlreiche Privatleute. Ralf hat hörbar Routine in Interviews zu diesem Thema, stelle ich fest, als wir ohne Bild per Skype telefonieren.

Sein Zwillingsbruder war nach der Schule ein Jahr Gehörlosenlehrer in Ghana. Er erlebte die aussichtslose Situation von Gehörlosen vor Ort. Beide dachten: „Da muss man doch etwas machen können." Ralf hatte das unternehmerische Know-how und wohl eine echte Begabung für gutes Marketing. Er trieb Spenden zusammen. „In Ghana kann man mit vergleichsweise geringen Investitionen schon viel machen." Seine Motivation für das soziale Engagement klingt fast leidenschaftslos, auf jeden Fall nüchtern: „Das hat sich so ergeben. Also haben wir es gemacht." Als ich ihn nach einem Lebensmotto frage, fällt ihm erst viel später ein Halbsatz aus Epheser 1,12 ein: „dass wir etwas seien zum Lob seiner Herrlichkeit." Und er betont sofort, dass sich das nicht über Leistung definiere. „Man sollte nicht zu sehr darauf vertrauen, dass von einem selbst etwas abhängt. Ich wehre mich gegen leistungsorientiertes Denken. Aus der Liebe heraus handeln, das sollte die Motivation sein." Es gehe weniger darum, in fünf Jahren etwas ganz Bestimmtes erreicht haben zu wollen, als zu sehen, was man jetzt tun könne und das dann auch zu tun. „Ich bin Pragmatiker, ich plane nicht zu weit im Voraus."

Ralf ist 1988 in Nürnberg geboren, in der fränkischen Schweiz aufgewachsen, aber seine fränkische Herkunft hört man ihm kaum an. Vielleicht weil seine Großeltern fast alle zugezogen sind: aus Siebenbürgen, Schlesien und Nordrhein-Westfalen. Einen Teil seiner Unabhängigkeit führt er darauf zurück. Neben seinem Zwillingsbruder hat er drei weitere Geschwister. Mittlerweile leben alle „über Europa verstreut". Sein Vater führt eine Zeitarbeitsfirma. In seiner Kindheit in einer christlichen Familie hat ihn besonders seine Mutter sehr geprägt. Das Motto „Trachtet zuerst nach dem Reich Gottes" spüre man bei ihr in allem: wie sie lebe, wie sie Dinge bewerte. Sie leiste viel Seelsorge – Ralf bezeichnet es als „Counseling" – und sei „eine beeindruckende Persönlichkeit".

Mitten in den Abiturvorbereitungen beschäftigte ihn damals die Frage: „Was treibt dich an?" Und er ist ihr gründlich nachgegangen. Buddhistische Texte, die Bibel, Philosophen wie Sartre, Hesse, Nietzsche, Voltaire, der Koran, aber auch ein Briefwechsel von Goethe gehörten zu seiner Literatur. Dabei fiel ihm etwas auf: „Interessant war die herausgehobene Position, die Jesus bei all diesen Leuten hat." Für Einstein zum Beispiel sei Jesus die einzige Person gewesen, die ohne Dunkel war. Und auch Dawkins komme nicht an Christus vorbei. Es ist eine kleine Bemerkung von Goethe, die ihn in seinem Fragen bestärkt. Der habe in einem seiner letzten Briefe geschrieben, er sei nur drei Tage glücklich gewesen in seinem Leben. Goethe! Hatte der nicht alles erreicht, war einflussreich, konnte forschen, war schon zu Lebzeiten erfolgreich? „Das ist beeindruckend, dass so jemand so etwas sagt." Am meisten hat Ralf damals die Bibel gelesen. „Ich dachte, da steht mehr drin als das geschriebene Wort. Da ist Leben drin." Beim Bibellesen ist er bis heute geblieben, jeden Morgen und, wenn es geht, auch nach der Arbeit. „Die Bibel ist auf keinen Fall ausgelesen. Ich erlebe das Reden Gottes zu mir durch die Bibel." Und auch andere Bücher liest er weiterhin viel. Prägende Theologen, die er im Gespräch auch zitiert, sind für ihn Dietrich Bonhoeffer und der Prediger Wilhelm Busch. Bei beiden finde er eine Einheit aus Schreiben und Leben, die ihn beeindrucke. Authentizität sei das für ihn – „die macht es halt aus." Wer wisse, wofür er lebt und was ihn antreibt, der müsse sich vor anderen nicht verstellen. Die Beziehung zu Gott, die liege ihm so am Herzen, dass er ihr jeden Tag Raum lasse, um zu reifen. „Wenn ich morgens aufstehe, sollte die Frage nicht sein: Was kann ich heute für Gott tun? Die Frage sollte sein: Wie kann ich Gott heute näherkommen, mehr über ihn erfahren?"

Nach seinem Abitur hat er angefangen, in Würzburg Medizin zu studieren. Das Studium habe sich so ergeben, weil er ein gutes Abitur und dadurch einfach die Möglichkeit dazu hatte. Ihn treibe weder Mitleid noch ein Helfersyndrom. Aber eben vielleicht doch sein Glaube: „Man trifft sehr verschiedene Menschen in unterschiedlichsten Situationen. Da ist der Glaube in jeder Begegnung ein Thema. Also nicht immer ausgesprochen. Aber man handelt, wie man handelt, aufgrund seines Glaubens." Jetzt ist er gerade nach Potsdam gezogen, seine Freundin lebt in Berlin, Ralf will sich eine Stelle in einer Klinik für seine Facharztausbildung suchen. Er kann sich gut vorstellen, Allgemeinmediziner zu werden.

In seinem ersten Studiensemester in Würzburg ließ er sich im Main taufen. Das war ihm zu diesem Zeitpunkt schon länger ein Bedürfnis gewesen. „Ich habe das Reden Gottes immer so erlebt, dass mich Dinge nicht mehr losgelassen haben." Einer Kirche angeschlossen hat er sich danach aber nie. Er sei „zu viel unterwegs" gewesen, um sich einer Gemeinde zugehörig zu fühlen, sagt er. Bis heute gehe er regelmäßig in den Gottesdienst, aber immer in unterschiedlichen Gemeinden, wo er gerade sei. Neben seiner Familie hat Ralf ein sehr festes Netzwerk aus guten alten Freunden. „Beziehungen machen das Leben reich." Zum Teil kennen sie sich seit 20 Jahren, feiern Silvester zusammen oder Geburtstage, was sich ergibt, wenn alle verschiedene Lebenswege gehen. Darunter sind Christen und Nichtchristen, Leute aller Ausbildungsstufen und unterschiedlicher Milieus. Im Verein ist seine Familie zwar beteiligt, aber vor allem ist auch das ein Freundeskreis. Auch für seinen Glauben waren Beziehungen wichtig. Es gab einen Pfarrer aus dem Frankenwald, mit dem er viele für ihn wichtige Gespräche geführt habe, den er heute als eine sehr prägende Person nennt.

Er wünschte sich, Gemeinden wären mehr eingerichtet auf Leute wie ihn, die nur auf der Durchreise sind. Es sei auch eine wichtige Chance, jemanden nur eine Zeit lang zu begleiten, mündige Christen zu fördern. Die wären dann nämlich gut in der Lage, in anderen Kontexten alles zu prüfen und das Gute zu behalten. Grundsätzlich vorstellen könnte er sich aber schon, auch einmal fester zu einer Kirche zu gehören und „ein Amt" zu übernehmen. „Solange es auf der Bibel basiert, habe ich keine feste Vorstellung im Kopf, wie etwas sein muss", sagt er. Nur: „Kirche sollte kein Selbstbedienungsladen sein." Er kenne in jeder Konfession beeindruckende Menschen. Er wünscht sich weniger Lagerdenken, stattdessen sollten Christen eher das Gemeinsame betonen. Er kann der Vielfalt der Bekenntnisse auch etwas abgewinnen. Auch eine Gruppe, die nur für eine bestimmte Zeit besteht, wie die Campusgruppen, sei eine

Chance. Die zerstreuten sich überallhin und trügen etwas weiter. Verbindlichkeit und Freiheit stehen bei ihm nicht nur biographisch in einem eigenen Verhältnis.

Als seine Maßstäbe für strittige Fragen nennt er die Bibel, Jesus als Retter aus der Verlorenheit und zudem das eigene Gewissen, Menschen mit theologischem Sachverstand, denen er vertraut, und über allem Gott als letzte Urteilsinstanz – und wieder: viel Freiheit. Auch die Freiheit, Fragen offen zu lassen. Ob man keinen Sex vor der Ehe haben will, müsse jeder selbst entscheiden, findet er. Die Bibel gebe da nicht ausdrücklich etwas vor. Nur gegen sein Gewissen solle man nicht handeln. Zu denken geben ihm bei diesem Thema persönlich die Menschen, deren Meinung er schätzt, und die Sex vor der Ehe ablehnen. Bei der Homosexualität findet er die Bibel sehr klar: Sie spreche sich dagegen aus. Wichtig sei ihm dabei ein Gedanke: „Jesus und Gott lieben alle Menschen unbedingt, aber sie heißen nicht alles gut, was sie machen." Nur liege genau hier auch das Problem: Viele könnten ihre Homosexualität nicht von ihrer Identität trennen.

Dass der Missionsauftrag gilt, steht für ihn außer Frage. In Verruf geraten sei er erst im 19. Jahrhundert durch die Kolonialisierung. „Letztlich ist alles, was man macht, Mission." Ralf erzählt, er erlebe, dass andere Religionen in Afrika häufig ein Thema, der Hass zwischen ihnen – beispielsweise in Togo und Ghana – aber gar nicht groß sei. Es würden einfach alle Feiertage begangen, zum Beispiel Ramadan und Maria Himmelfahrt. Und er habe auch muslimische Freunde. „Ich kann nicht sagen, wie Gott das am Ende beurteilt."

Richtig aufregen kann er sich über den Satz „Das machen wir schon immer so." Er findet, jede Sache sollte in ihrer Situation entschieden werden. Ein stetiger Fluss bringe zwar Sicherheit und Ruhe, aber es bestehe auch die Gefahr, starr zu werden.

Es ist die Mischung aus Freiheit und Zielstrebigkeit, aus unternehmerischem Geist und Heiligem Geist, die Ralf am Herzen liegt. Weniger Machbarkeitsphilosophie, mehr Ermöglichung, weniger Prüfbares, mehr Flexibilität, weniger Produkt und Outcome, mehr Mensch. Seine unternehmerischen Fähigkeiten wurden mittlerweile durch ein paar Scheine in BWL und durch ein Mini-MBA-Programm bei McKinsey gefördert. In seiner Entwicklungshilfe legt er viel Wert darauf, dass sie nachhaltig ist und nicht selbst neue Abhängigkeiten und starre Systeme schafft. Den Verein kann jeder unterstützen, auch im Internet: Ein Großteil der Einnahmen aus einem Online-Shop der Zwillingsbrüder (www.christlicheposter.de) fließt genauso in die Arbeit wie die Erlöse aus dem Verkauf der Waren aus Ghana, die den Produzenten faire Preise garantieren (www.traumdocks.de).

Aber noch wichtiger für die Arbeit von *schif* ist, dass Menschen ihre Fähigkeiten einsetzen. Sie sollen sich selbst helfen können. Darum investiert Ralf in Bildung und Arbeitsplätze. „Nur dadurch verändert man Strukturen, nicht durch den Tropf der Europäer." Das ist der einzige kritische Satz von ihm, der in diesem Zusammenhang fällt. Er hält sich nicht lange an ungerechten gesellschaftlichen Strukturen auf, die gehörlosen Menschen in Ghana ein würdevolles Leben verwehren. Er gibt einigen von ihnen die Möglichkeit, auf eine Schule zu gehen und ermöglicht mit Mikrokrediten selbstständige Arbeit.

Vor allem braucht es seiner Meinung nach nicht zuerst veränderte Umstände, sondern veränderte Herzen. Darum ist ihm in seiner Arbeit auch die christliche Motivation so wichtig. „Was nützt dir der neue Fernseher, wenn dein Leben damit nicht besser ist?" Klar würden sie als Verein immer wieder gefragt, ob sie nicht die Schwäche der Leute ausnutzen. Er findet, er sei nur ehrlich: „Jeder Mensch hat etwas, das ihn antreibt. Wir sagen klar, unsere Liebe ist durch unseren Glauben bedingt. Unser christlicher Glaube ist ein Angebot, weil wir davon überzeugt sind, dass es das Beste für ein Leben ist."

Als ich ihn nach seinen Hoffnungen und Wünschen für die Welt frage, schließt er mit einem Bonhoeffer-Zitat: „Mag sein, dass der Jüngste Tag morgen anbricht, dann wollen wir gerne die Arbeit für eine bessere Zukunft aus der Hand legen, vorher aber nicht." Zuvor trägt er mir aber noch ein Gedicht von Rainer Maria Rilke vor – angesichts der Katastrophen in der Welt, Schicksalen, die einen auch ermüdet zurücklassen können, drücke es die Hoffnung aus, dass wir nicht ins Chaos stürzen, ähnlich wie es die Offenbarung erzähle.

Herbst

Die Blätter fallen, fallen wie von weit,
als welkten in den Himmeln ferne Gärten;
sie fallen mit verneinender Gebärde.

Und in den Nächten fällt die schwere Erde
aus allen Sternen in die Einsamkeit.
Wir alle fallen. Diese Hand da fällt.
Und sieh dir andre an: es ist in allen.

Und doch ist Einer, welcher dieses Fallen
unendlich sanft in seinen Händen hält.

Simon, 31, in Essen

„Die Freiheit im Glauben war plötzlich da."

In Simons Leben spielt Jesus keine Rolle. Er hat ein paar Mal versucht, ihn auf die Bühne zu bringen. Er dachte, das müsse er, das gehöre dazu, zum Christsein. So hat er es gelernt. Simon wollte von Gott erzählen, von seinem Glauben, auch in seinen Stücken Nachrichten hinterlassen – liebe deinen Nächsten wie dich selbst. Das habe nie funktioniert. „Das hat sich beschissen angefühlt", sagt er. Simon ist Tänzer. Er hat an der Folkwang Universitat in Essen zeitgenössischen Tanz studiert. Heute macht er Tanztheater, ganz im Sinne der großen Choreografin Pina Bausch, die er in seinen Studienjahren noch persönlich erlebt hat. Mit einem Studienfreund hat Simon in Düsseldorf eine eigene kleine Kompanie gegründet. Auch in Indien hat er schon Publikum unterhalten.

Kommt Gott in Simons Tanz nicht vor? Oder doch? „Vielleicht ist Gott durch mich auf der Bühne." Er könne ihn ja auch nicht abhalten. „Wenn er Bock hat, soll er doch", sagt Simon.

Gott wolle sich nicht vorführen lassen, nicht Teil einer Inszenierung werden. Seit Simon das eingesehen hat, ist er entspannter. Auf der Bühne, im Leben und auch mit Gott. Seine Stücke sind durch und durch modern: Sie wollen nicht die eine Botschaft vermitteln. „Wir machen, was uns beschäftigt", sagt Simon. Sie probieren sich aus, gehen verschiedene Themen an und die Zuschauerinnen und Zuschauer sollen selbst entscheiden, was sie mitnehmen. Der Interpretationsspielraum sei groß. „Die Aufgabe der Kunst ist es auch, Dinge an den Pranger zu stellen", sagt Simon. Wenn Gott, die Kirche oder sein Glaube davon betroffen waren, fiel ihm das lange schwer. Er war immer der einzige Gläubige in seinem Umfeld, an der Hochschule und auch jetzt in der Tanzszene. Simon musste erst lernen, die Witze nicht persönlich zu nehmen.

Mit seinem Glauben geht er offen um. Seine Freundinnen und Freunde wissen, dass er gläubig ist. Am Anfang hat es ihn deshalb verletzt, wenn gegen Gott und Kirche gefrotzelt wurde, weil die Leute ja eigentlich wussten, dass ihm der Glaube wichtig ist. Aber er hat gelernt: „Ich muss Gott nicht verteidigen!" Dabei versteht Simon seine Freundinnen und Freunde allzu gut. Er selbst findet Kirche und Glauben manchmal skurril und sieht allen Grund, sich darüber zu amüsieren und lustig zu machen.

Aufgewachsen ist Simon in einem kleinen Dorf bei Pforzheim. In der „Goldstadt" ging er zur Schule. Viele fromme Floskeln und die Schlager des schwäbischen Pietismus kann er noch heute auswendig: „So ist Versöhnung" und „Geh unter der Gnade" kommen ihm in den Sinn. „Die find ich aber eigentlich sogar ganz geil", sagt Simon im Wohnzimmer der Düsseldorfer Mietwohnung, in der er heute mit seiner Frau Denise und ihren beiden gemeinsamen Kindern Lova und Jojakim wohnt. Das Schwabenland ist weit weg, die Prägung aber hat Simon mitgenommen. Immer, wenn er aus seiner Kindheit erzählt, wechselt er ins Schwäbische: „Alles, was Schbass machd, war verboda“, sagt er und lacht. Seine Leidenschaft gehörte auch dazu. Tanzen sei Sünde, sagten manche damals. „Meine Eltern waren zum Glück nicht ganz so strenge“, sagt er. Tanzen war für sie kein Problem. Er besuchte die Waldorfschule. Der künstlerische Ansatz weckte in ihm die Lust an der Bewegung, der Choreographie. In der zwölften Klasse musste er zum Abschluss etwas vorführen. Er entschied sich für die Pantomime. Denn auch in der christlichen Szene gab es neben der Ablehnung Vorbilder: Ralf Esslinger, ein christlicher Pantomime, wurde Simons Vorbild. Er war es auch, der Simon nach London schickte, um ein Jahr das Mimen zu studieren.

In Simons Familie wurde jeden Morgen eine Andacht gehalten. Sein Vater hat aus der Bibel vorgelesen, man las den Bibelvers aus der Tageslosung, es wurde gebetet – und alle mussten mitmachen. Jeden Morgen. „Ich habe es gehasst“, sagt Simon. Heute wird Simon, wenn er bei seinen Eltern zu Besuch ist, nicht mehr zur Andacht gezwungen. Er zieht sich dann zurück oder geht an die frische Luft. „Das ist einfach nicht mein Ding“, sagt er. Für seine Eltern findet er diese „Stille Zeit“ stimmig. Sie hätten ihr Morgenritual auch weiterentwickelt. Inzwischen lese auch seine Mutter aus der Bibel vor. Trotz allem ist Simon dabei geblieben. Er hält an Gott fest, geht regelmäßig in den Gottesdienst. Simon ist Christ. Warum hat er den Glauben nicht verloren? „Ohne Glauben ging nicht“, sagt Simon. „Das ist ein Teil von mir.“ Wenn man in diesem Dunstkreis aufwachse, sei es unmöglich, ihn wieder loszuwerden. Gott verfolge ihn. Der Glaube sei so tief in seine Biografie und in sein Leben eingeschrieben, dass es ihm fast unmöglich scheine, sich davon zu verabschieden. Der Pietismus habe es geschafft, Simon den Glauben so sehr einzuprägen, dass er fast körperlich wurde, wie ein Organ, ohne das er nicht lebensfähig sei. Auch wenn er keine Angst vor Höllenqualen habe, der Glaube sei in seiner Jugend auch zu einer Pflicht geworden, die ihn davor zurückschrecken ließ, Gott hinter sich zu lassen. Heute sagt er: „Ich konnte mich befreien von dem, was mich am Glauben gestresst hat."

Die Engstirnigkeit hat ihn gestört. Simon hat sie mit Weite überwunden. Er hat seinen eigenen Weg gefunden und kann deshalb inzwischen auch seinen Eltern und den Menschen seiner Kindheit und Jugend ihren Weg zugestehen: „Da war auch eine gute Energie, die mich gehalten hat", sagt er. Das sei vielleicht der Heilige Geist gewesen. Damals habe er das nicht so benennen können. Heute, im Nachhinein, sei ihm klar geworden, dass der Heilige Geist beteiligt war. Mit 16 ging Simon zu *Steiger*, einer freikirchlichen Gemeinde in Pforzheim. „Die waren schon krass und sind auch heute noch krass drauf", sagt er. Damals habe das zu ihm gepasst. Der Glaube wurde dort sehr auf der emotionalen Ebene verhandelt. Immer ging es um Gefühle. Gott wurde gespürt, erfahren, erlebt. „Das hat damals Sinn gemacht und mir auch Kraft gegeben", sagt Simon. Dass er in der Zeit coole Leute entdeckte, die gläubig waren, war für Simon eine ganz entscheidende Erfahrung. „Die Underground-Szene war total wichtig", sagt er. „The Lionheart-Brothers", „Silver", „Noisetoys", „Napoleon", „Mitsprint", „The Spirit That Guides Us" – das waren die Bands seiner Jugend, von denen Poster in seinem Jugendzimmer hingen.

So frei die Form des Gottesdienstes damals bei *Steiger* war, so eng war auf der anderen Seite die Theologie. Damals war für Simon klar, dass man Homosexualität wegbeten kann. „Wie krass, dass die noch immer so zu kämpfen haben", sagt er. Als junger Mensch werde man stark beeinflusst, gerade in frommen Gemeinden. Das hält er heute für gefährlich. Der offene

Umgang mit Sexualität in der Tanzszene habe ihm da sehr geholfen, die Vorbehalte zu überwinden. „Im Studium dachten sowieso alle, dass ich schwul bin", scherzt er.

„Manchmal kommen Fragen", sagt Simon, insgesamt seien seine Freunde aber sehr verhalten, was seinen Glauben angeht. Und auch Simon hält sich zurück: „Ich finde das immer noch schwierig, den Glauben im Freundeskreis zu rechtfertigen", sagt er. Oft will er lieber nicht drüber reden. Die Leute seien irritiert, wenn er mit seiner Frau und seinen zwei Kindern in den Gottesdienst gehe. Das passe nicht ins Bild: Der gutaussehende und gut gekleidete Tänzer geht in die Kirche? Viele fanden seine Hochzeit toll und sprachen ihn im Nachhinein darauf an. Insgeheim hofft er, dass die Leute denken: „Aha, cooler Typ! Und der ist gläubig?"

Vor einiger Zeit ist der Vater eines guten Freundes gestorben. „Das war krass für ihn und irgendwie kam er damit zu mir", sagt Simon. Er hat lange zugehört, stand seinem Freund bei. Und nach ein paar Tagen sagte er beim Tischtennisspielen: „Vielleicht sollte ich mal beten." Da sagte Simon: „Ja, probier's doch mal aus". Das hat Simon gut gefallen, diese lockere Art über den Glauben ins Gespräch zu kommen, weiterhelfen zu können, mit etwas, das Sinn stiftet, und in der Trauer da zu sein.

Auch sein eigenes Glaubensleben empfindet Simon manchmal als etwas dürftig. „Do kommt's schlechde Gwissa von früher widdr hoch", sagt er. Er betet ab und an beim Joggen, beim Fahrradfahren. Das seien die Momente, in denen er vieles mit Gott bespreche. Beten sei für ihn ein bisschen wie ein Selbstgespräch. Gott stelle er sich dabei nicht vor: „Ich will mir kein Bild machen. Ich will das ein wenig offen halten. Sonst denkt man gleich wieder in Schubladen", sagt er. Jetzt, wo er selbst Kinder hat, fallen ihm beim eigenen Erziehungsbemühen manchmal

Muster auf, die er sich wohl von seinen Eltern abgeguckt hat. Auch er und Denise pflegen Rituale mit ihren Kindern. Sie beten vor dem Essen, und bevor die Kinder ins Bett gehen, singen sie Gute-Nacht-Lieder. Sie versuchen, das Christliche sehr dezent zu halten – auch aus der eigenen Erfahrung heraus. „Manchmal hätte ich mir eine weniger christliche Erziehung gewünscht", sagt Simon. Manchmal fehle ihm das Gefühl für Menschen, die nicht an Gott glauben. „Wir lesen unseren Kindern deshalb nicht nur aus christlichen Kinderbüchern vor", sagt er.

Neben seinem Zwillingsbruder hat er noch drei ältere Schwestern und einen weiteren Bruder. „Ich wollte immer mindestens vier Kinder haben", sagt er. Aber das Paar musste einsehen: „Das funktioniert mit unserem Lebensstil nicht so richtig." Sie arbeiten beide gern und so sind sie bereits mit zwei Kindern ausgelastet. „Man will ja zwischendurch auch mal wieder machen, worauf man Bock hat", sagt Simon. Mit Kindern verändere sich das Leben krass. Es gehe immer erst darum, dass es den Kindern gut gehe. „Schlafen legen, Essen geben, trösten, Geschichte vorlesen, spielen", fasst Simon seinen Tagesablauf in der Elternzeit zusammen. Nur selten schafft er es, nebenbei noch an seinem nächsten Stück zu arbeiten. Eine Produktion hat er ganz abgesagt.

Vor einigen Jahren, noch bevor Simon und Denise eigene Kinder hatten, verbrachten sie mit Simons ganzer Familie ihren Urlaub in Kroatien, dem liebsten Reiseziel seiner Familie. Simons Schwestern hatten bereits Kinder. Und selbstverständlich gab es auch in Kroatien die tägliche Andacht. Es wurde Gitarre gespielt und die Bibel ausgelegt. Es brach eine Diskussion über die Schöpfungsgeschichte los. „Mein Vater sagte, dass es für ihn gar nicht so wichtig sei, ob Gott den Menschen aus Lehm und Erde gemacht hat. Wichtig sei, dass Gott seine Finger im

Ich. Ich bin auf der Reise
und ehrlicherweise
oft mehr auf der Flucht.
Du. Du bist das Zuhause,
mein Atem, die Pause
und zu oft mein Verlust.

Ich. Ich such rauf und runter.
Bin kaum angekommen
und du bist ständig neu versteckt.
Ich. Ich bin ein bunter
Baum-Lampion.
Und du, du bist das Sommerfest.

Ich. Ich halte mich für weise.
Ich zieh meine Kreise.
Du, Du lenkst mich ab.
Ich lauf wie eine Blinde
und staunend find ich
dich auch in der Nacht

Du. Du bist der Spiegel
und ich ein neues Bild.
Glaub meinen Augen kaum.
Du durchziehst meine Tiefen.
Ich bleibe still
und du auch.

Du bist der wahre Künstler.
In den allerschönsten Dingen
seh ich dich.
Und ich, ich lieb deine Farben
an den Fingern zu haben
und male mit dir mit.

Ich. Ich bin auf der Reise
und wenn ich meine, dich zu kennen,
bist du der mich weiterzieht.
Du. Du summst in mir leise.
Ich bin dein Instrument
und du, du, du bist mein Lied.

JELENA HERDER

KURZPORTRÄT

Unverbrauchte Bilder, leicht rauchige Stimme, berührende Tiefe in den Texten – Jelena Herder verblüfft mit ihren Liedern. Manche erzählen aus dem Alltag, manche von ihrem Glauben, sie spielen mit Gefühl, Witz und Unerwartetem. Ihre CD „Momentaufnahmen" ist großzügig gesponsert von ihrer Familie im Tonbiotop in Heidelberg entstanden, wo unter anderem Daniel Jacobi und Johannes Falk Musik produzieren. Von beiden habe sie viel gelernt. Jelena hat schon eine kleine Wohnzimmertournee gemacht. Wer Platz hat, sollte sie unbedingt mal einladen.

Spiel hatte", erzählt Simon und wirkt noch heute ganz verdutzt beim Gedanken daran. Er sei erschüttert gewesen: „So kann mein Vater doch nicht denken!" Simon habe das die Augen geöffnet. Er habe begriffen, was er schon lange fühlte und selbst lebte: Man kann den Glauben auch anders leben und denken. Dass es sein Vater war, der ihm diese Erkenntnis eröffnete, bedeutet Simon viel, war er ihm doch die größte Glaubensautorität, das Vorbild schlechthin. Auch deshalb kann Simon heute sagen: „Die Freiheit im Glauben war plötzlich da."

Die Netzwerke

Wo treffen sich Christinnen und Christen um die 30? Gründen sie eigene Gemeinden? Finden sie eigene Formen? Woran orientieren sie sich, wenn sie neue Communitys starten? Wir waren sehr gespannt, was wir finden. Wieder hatten wir die Frage, was das mit dem Leben unserer Generation zu tun hat – wie verbinden sich Glaube und Leben?

Prägend für die Lebensläufe der Gen Y waren natürlich oft bestehende Träger und Vereine: die *SMD, Campus für Christus,* viele von uns erzählen begeistert von Taizé, Kirchentage sind wichtige Vernetzungspunkte, kirchliche Jugend- und Junge-Erwachsenen-Arbeit genauso. Es gibt den *Christustreff* in Marburg, Hannes ist von *TEN SING* geprägt, Stephanie durch den *CVJM. ICF München* und die *Junge Kirche Berlin* spielen eine immer größere Rolle. Aber auch die klassische Konfirmandenarbeit oder die örtliche Pfarrei sind nach wie vor Bestandteil der Glaubensbiografien. Alles können wir gar nicht aufzählen oder hier im Einzelnen vorstellen. Aber: Dort findet man die Leute, die uns geprägt und herausgefordert haben, die wichtige Gesprächspartner und mit ihrem eigenen Leben ein Beispiel waren, wie Glaube und Leben zusammenkommen. So sehr wir uns manchmal noch abgrenzen von dem, wo wir herkommen – viel stärker ist uns bewusst, was uns geprägt hat, wem wir etwas verdanken und wie gut das war. Darum definitiv: Dankeschön!

Was wir gefunden haben, sind keine Exklusivveranstaltungen der Generation Y. Wir haben Netzwerke, Gemeinden und Communitys gesucht, die von Leuten aus unserer Generation gegründet wurden oder hauptsächlich von uns frequentiert werden. Uns interessierten vor allem neuere Projekte, die noch nicht so bekannt sind oder stärker von uns geprägt. Die Projekte, die sich hier vorstellen, sind zum großen Teil noch im Kleinkindalter. Außerdem wollten wir wieder verschiedene konfessionelle Hintergründe dabei haben und verschiedene Themen: Kunst und Kultur, Gottesdienst, soziales Engagement und unsere Arbeitswelt.

Wir haben ihnen Fragebögen geschickt und sie gebeten, sie auszufüllen, am besten gemeinsam. In den Texten, die wir daraus entwickelt haben, stellen sich die Netzwerke selbst vor, ein bisschen wie im guten alten Poesiealbum. Manches wird sich bis zum Erscheinen des Buches wieder verändert haben, so ist es, das Leben. Neben den neun Projekten, die sich hier präsentieren, wollen wir noch ein paar weitere nennen, die wir sehr spannend beziehungsweise bezeichnend finden für unsere Generation:

- *Motoki* ist ein Kollektiv von freischaffenden Leuten, die zum Beispiel das Froh!-Magazin entwickelt haben und auch sonst ästhetisch sehr anspruchsvolle Sachen machen.
- Die *Kirche im Pott* wurde von einer Musikerin und einem Baptistenpastor in Bochum gegründet und trifft sich in einem Kinosaal.
- *Anorak 21* machen Jugendarbeit auf dem hessischen Land und sind auch eine Lebensgemeinschaft.

- Das *Berlinprojekt* zieht in der Hauptstadt viele Kreativschaffende an.

Es gibt tatsächlich Gemeinsamkeiten zwischen diesen sehr unterschiedlichen Initiativen: Sie haben zwar meist eine klare konfessionelle Herkunft, sind aber offen für Leute mit anderen Hintergründen und sagen das auch laut, also regen richtig an, sich überkonfessionell zu treffen. Bei *e/motion* sind explizit Leute aus anderen Religionen eingeladen. Überhaupt grenzen sich die Projekte kaum nach außen ab, laden Leute jeden Alters ein und wollen auch Familien dabei haben. Es gibt aber auch echte Besonderheiten: *Church goes Pub* leistet sich zum Beispiel die Freiheit, in ihrem Logo eine Bierflasche zum Kirchturm zu stilisieren. Ist das noch frech oder schon plump? Die Generation Y ist auf dem Weg, ihren Stil zu finden.

polylux e.V. in Neubrandenburg

Eine Gemeinschaft für schöne Projekte

Wer seid ihr?

Wir sind eine christliche Community zwischen 28 und 36 Jahren (plus Kids), für deren Output wir einen Verein gegründet haben. Die Community gibt es seit 2007 – unseren Verein seit Ende 2008. Wir sind ein bunter Haufen aus der Evangelischen Landeskirche und verschiedenen Freikirchen wie Baptisten, Brüdergemeinden und pfingstlerischen Nuancen. Wir verstehen uns als Ergänzung zu den bereits vorhandenen Kirchen und freuen uns über die liebevolle Verbundenheit in unserer Stadt.

Der Datzeberg ©Jakob Regin

Beschreibt mal in fünf Sätzen, was ihr zusammen macht und auch warum.

Wir wohnen und engagieren uns auf dem Datzeberg – gemeinsam, als Community. In einem Viertel, das nicht unbedingt vom finanziellen & emotionalen Wohlstand geküsst wurde. Aber für uns ist es einfach nur das Viertel unseres Herzens! Hier machen wir schöne Dinge, meist im sozialen, kulturellen oder geistlichen Bereich, und gehen wir mit unseren Nachbarn ermutigende Wege. Hier beten, hoffen und erleben wir, dass Gott was Schönes macht!

polylux-Gebetsraum © Viola Stein

Gott ist für uns … immer mehr als wir denken & fühlen können – einfach wow!

Glaube ist in unserem Alltag … Nachbarn sein & Liebe verschenken. Menschen ernst nehmen, unterstützen, das Leben feiern, aber auch mit ihnen gemeinsam bangen und weinen und die Trauer aushalten. Wir wollen da sein. Als eine Tür zu einer oft vergessenen Realität. Tür auf – und die Leute sehen, wie wir Konflikte lösen, scheitern und uns wieder vergeben und in den Arm nehmen.

Zusammen … essen, abhängen, Ideen spinnen und feiern als Community, mit Freunden und Gott.

Uns regt richtig auf … die Stigmatisierung unserer Nachbarn und Freunde.

Wir engagieren uns für … soziale, geistliche und kulturelle Angelegenheiten in unserem Viertel. Wir wollen sehen, dass Beziehungen heil werden: Beziehungen zu sich selbst, zu den Mitmenschen, zu Gott und zur Natur.

Wie sieht es aus, wenn ihr eine Andacht habt, zusammen betet oder sonst euren Glauben ausdrückt?

Wir haben verschiedene kleine Rituale, die immer wieder der Lebensrealität angepasst werden. Beispielhaft mal unser Abendlob: Wir treffen uns zwei Mal die Woche zum Abendessen und Abendgebet. Das Gebet ist mittlerweile in eine Liturgie mit offenen Elementen und Liedern übergegangen. Wir haben festgestellt, dass es sehr angenehm ist, wenn man nicht ständig ausgefuchste Gebete produzieren muss, sondern sich in etwas Bestehendes einklinken kann.

polylux-Gemeinschaft ©Andrea Rave

Wie sieht es aus, wenn ihr zusammen feiert?
Wunderbar! Gerade durch die Kinder werden unsere Feiern auch immer schön bunt und fröhlich (Seifenblasen & Co). Natürlich gibt es gutes Essen und Trinken und der Sekt (um das Geleistete, Gott und uns zu feiern) darf dann auch nicht fehlen.

Wie sieht es aus, wenn ihr 15 Jahre älter seid?
Wir hätten da ein paar Visionen ... Wir träumen u. a. davon, dass sich viele kleine Communitys in Mecklenburg-Vorpommern bilden, die in eine Stadt oder ein Viertel ziehen, Teil davon werden und es mit viel Liebe überschütten.

Euer Bibelvers: „Ihr seid das Licht der Welt. Eine Stadt, die auf einem Berg liegt, kann nicht verborgen bleiben" (Matthäus 5,14 NGÜ *polylux* bedeutet „viel Licht".)
Euer Motto: Mach was Schönes.
Euer Lieblingsort: Unser Viertel, Cafés in der Innenstadt und die Natur in Mecklenburg-Vorpommern.
Eure Netzwerke: 24/7-Prayer, Stadtteil AG, Evangelische Allianz in Neubrandenburg, Forum Platte (sozial-diakonische Projekte).
Eure Vorbilder: Meistens nicht die „großen Helden", sondern die vielen „kleinen" Menschen, die Liebe, Großzügigkeit, Barmherzigkeit und Gastfreundschaft leben, ohne dafür groß Anerkennung oder Aufmerksamkeit zu bekommen.

Jonte Schlagner hat die Fragen für polylux beantwortet.

e/motion in Essen

Glaubensgemeinschaft in Bewegung

Wer seid ihr?

Wir sind eine Gemeinde, eine Gemeinschaft, ein christlicher eingetragener Verein, gewählt, demokratisch und ehrenamtlich geführt – eine Glaubensgemeinschaft in Bewegung, die sich dem CVJM zugehörig fühlt. Wir sind überkonfessionell christlich, aber auch Menschen aus anderen Glaubensrichtungen sind willkommen. Wir sind alle unterschiedlich im christlichen Spektrum verwurzelt. Bringen eigene Glaubensgeschichten mit. Und es geht über das Christliche hinaus. Wir schätzen unsere jüdischen Wurzeln, laden eine Muslimin zum Predigen ein und entschiedene Atheisten fühlen sich bei uns zu Hause.

Willkommen!
Wer auch immer du bist.
Was auch immer du glaubst.
Wo auch immer du dich befindest auf deiner Lebensreise.
Wen auch immer du liebst.
Willkommen!

© e/motion

e/motion startete im November 1999 als Studentengemeinde in einem Wohnzimmer, jetzt sind auch wir älter geworden. Die Menschen treffen sich vor allem im SONday, unserem Gottesdienst am frühen Sonntagabend. Die Zielgruppe würden wir nicht am Alter festmachen, sondern eher als spirituell und offen. *e/motion* ist eine verbindliche Gemeinde und bietet ein Zuhause für Kirchendistanzierte, manchmal auch mit „Gemeindeklatsche", für Suchende einer anderen Form von Gemeinde, als sie die Landeskirche bietet, und Menschen, die mitgestalten wollen.

Verabredung,
im Wechsel gesprochen

Und weil ich manchmal meine Eltern vermisse,
werde ich heute den Himmel und die Erde
zu meinen Eltern machen.
Und weil ich manchmal weit weg von Zuhause bin,
werde ich heute meine Aufmerksamkeit
zu meinem Zuhause machen.
Und weil ich manchmal kein Geld habe,
werde ich heute meine Sehnsucht
zu meinem Schatz machen.
Und weil ich kein Schwert bei mir habe,
werde ich heute meine Sanftmut
zu meinem Schwert machen.
Und weil ich manchmal keine Antwort weiß,
werde ich heute meine Fragen
wie Geschenke an andere weitergeben.
Und weil ich manchmal keine Wunder erlebe,
werde ich heute mich selber
als Wunder betrachten.
Und weil ich heute lebe,
werde ich heute leben.

Wir sind gut zu erreichen und verorten uns im Raum Essen – plus Ruhrgebiet. Wir sind keine Stadtteilkirche. Umzüge im Kleinen wie auch die vielen Umzüge unseres Gottesdienstraumes gehören zu unserer Geschichte und beschreibt unsere „Tent-Living-Attitude" (dass wir immer bereit sein wollen, unsere Zelte auch wieder abzubrechen). Wir definieren uns mehr über Menschen als über einen festen Ort. Gemeinschaft findet nicht nur im Gottesdienst statt, sondern vor allem auch unter der Woche in Hauskreisen, im Zusammenleben in Wohngemeinschaften, beim gemeinsamen Essen. Der SONday verbindet, er ist unser Kernstück. Eigenverantwortung spielt bei uns eine große Rolle. Autonome, eigenständige Entscheidungen werden bei uns gefördert. Sich kritisch und reflektiert mit Fragen des Glaubens und religiösem Leben auseinandersetzen. Wir sind nicht beliebig und willkürlich, wir schätzen Weite und Unterschiedlichkeit. Wir grenzen nicht aus, setzen keine Regeln für Zugehörigkeit oder Ausschluss. Wir möchten einander unterstützen ohne (moralisch) zu bewerten.

SONday bei e/motion © Hannes Leitlein

Beschreibt mal in fünf Sätzen, was ihr zusammen macht und auch warum.

Gemeinsam feiern wir Gott und leben christliche Gemeinschaft – im Gottesdienst, dem SONday, auf Ahoj-Pause, unserer Gemeindefreizeit, und im Alltag. Wir lieben Gemeinschaft. *e/motion* ist ein Ort, an dem wir friedliches Zusammenleben üben sowie Solidarität. Dies funktioniert mit den unterschiedlichsten Menschen, mit denen wir vielleicht sonst nicht in Kontakt treten würden. Bei *e/motion* findet Begegnung statt. Es gibt einen geschützten Raum in dem der Glaube gelebt werden kann. Wir stellen uns Fragen und hinterfragen. Fragen und Zweifeln gehört zu *e/motion* und trotzdem schenkt es Halt für spirituellen Glauben und kann Vertrauen geben. Nicht alle Fragen werden beantwortet. *e/motion* hält den Traum von einer schöneren und besseren Welt hoch und diese Hoffnung aufrecht. Das stärkt uns und bereichert viele. Wir als *e/motion* teilen vier Visionen miteinander. So wollen wir sein und handeln und uns immer wieder gegenseitig an diese Visionen erinnern.

- Öffentlich & wach: *Ins Heute einmischen. Wach sein für die Zeit. In die Szene und in die Stadt hineinstrahlen. Einmischen und kümmern. Öffentlich für Gerechtigkeit und Hoffnung stehen.*
- Eine andere Welt glauben & verschenken: *Klein ist Groß. Arm ist Reich. Friedfertigkeit ist Stärke. Demut ist Mut. Menschen dienen. Einander dienen. Geben, was wir haben. Teilen, was wir lieben.*
- Familie sein & Gäste einladen: *Generationen von Geschwistern bauen ein Zuhause für junge Menschen, in dem der Glaube wohnt und die Gnade lebt.*
- Gebet & Aktion: *Balance aus Worten und Taten. Ins Geheimnis eintauchen. Beim Menschen auftauchen. Gaben fördern. Verantwortung übernehmen.*

Gott ist für uns … Was Gott für uns ist, beschreibt wohl unser Sonntagswort am besten. Es erinnert uns, woran wir glauben und warum wir gemeinsam Gottesdienst feiern.

Mit jedem Sonntag feiern wir Gott,
die schöpferische Kraft,
die unseren Alltag gnädig umgibt,
die Treue, den Ewigen, unser Glück.
Mit jedem Sonntag erinnern wir uns an Jesus,
Mensch aus Nazareth, den Christus,
der seit über 2000 Jahren den Glauben in die Welt liebt.

Mit jedem Sonntag achten wir den Heiligen Geist,
die himmlische Energie, die erneuernd wirkt in dieser Welt.

Mit jedem Sonntag bergen wir uns
in der großen Geschichte Gottes,
weil sie wahr wurde für uns.

Mit vielen, die vor uns geglaubt haben
und weltweit mit uns vertrauen, beten wir:
„Gott nahe zu sein, ist mein Glück."

Zusammen machen wir am liebsten ... SONday feiern. Umzüge. ;-) Partys/Feiern. Ahoj-Pause, unsere Gemeindefreizeit. Kochen und essen. Gemeinschaft leben.

Uns regt richtig auf ... Engstirnigkeit. Intoleranz. Ausgrenzung Andersdenkender. Krieg und Gewalt. Ungerechtigkeit. Schwarz-Weiß-Denken. Einfache platte Antworten. Heuchelei/Unehrlichkeit. Unachtsamkeit/Doppelmoral. Exklusivität. Überheblichkeit. Rassismus und Sexismus. Ansonsten sind wir nicht aus der Ruhe zu bringen.

Wir engagieren uns für ... gerechte und inklusive Sprache, weil wir glauben, dass Worte Wirklichkeit schaffen. Eine bessere Welt. Einander/Menschen. Offenheit im Glauben. Für Gott.

Gerechtigkeit. Geflüchtete. Freunde in Indien/Shalom-Foundation. Schönheit. Dass Gott als Liebe verstanden wird, daraus resultiert Gerechtigkeit. Für Männer und Frauen. Kinder. Verbundenheit mit jüdischen Traditionen (Sprache, Bibeltexte). Wurzeln und Weite. Gemeinsamkeiten der Religionen wiegen mehr als ihre Gegensätze. Wir fragen: Was verbindet uns? Verbindendes ist kraftvoll, mehr als Unterschiedlichkeiten, und das wollen wir schätzen.

Wie sieht es aus, wenn ihr eine Andacht habt, zusammen betet oder sonst euren Glauben ausdrückt?

e/motion feiert den Sonntag im SONday. Mit einem Gottesdienst um 17.30 Uhr. Mit Musik, Worship, Gebeten, Message, Gemeinschaft. Im SONday sieht es schön aus. Umgebung und Worte haben ähnlichen Stellenwert. Atmosphäre ist uns wichtig. Ausgewählte Worte, inklusive Sprache können tief berühren und das Herz ansprechen. Wir feiern mit allen Sinnen und schmecken: Nach dem Gottesdienst sind alle zum gemeinsamen Essen eingeladen. Bei *e/motion* gibt es viel Beteiligung, wir sind rein ehrenamtlich organisiert und vertreten das Priestertum aller Gläubigen. Parallel zum Gottesdienst für die Großen gibt es ein Kinderprogramm für die Kleinen. Die Themen der einzelnen Gottesdienste orientieren sich nicht, wie in der Landeskirche üblich, an ausgewählten Bibelstellen für den jeweiligen Sonntag. Das Messageteam bei *e/motion* beobachtet die Gemeinde und überlegt sich nahe an den Menschen Monatsthemen, an denen sich die Gottesdienste orientieren. Beispiele hierfür sind der MAInungsfreiheitsMonat, der Alles-überschlägt-sich-Monat und der Fürchte-dich-nicht-Monat, aber auch einen Western-Monat oder einen So-sehr-dabei-Monat mit Musik von Clueso gab es schon. Neben dem SONday gibt es Andachten auf unserer Gemeindefreizeit und eine wöchentlich stattfindende Morgenmeditation zum inneren Raum.

Wie sieht es aus, wenn ihr zusammen feiert?

Bunt. Ganz biblisch Fresser und Weinsäufer. Fröhlich.

Wie sieht es aus, wenn ihr 15 Jahre älter seid?

Auch wenn wir älter werden, wollen wir weiter in Bewegung sein und gleichzeitig unsere Visionen wertschätzen. Die Visionen sind unsere Kernwerte. Wir wollen offen für neue Menschen sein und nicht im eigenen Klüngel bleiben. Es zeigt sich jetzt schon, dass Freundschaften bleiben, auch wenn Menschen auf Abstand gehen, umziehen oder *e/motion* grad nicht der Ort ihrer Spiritualität ist. Wir träumen von *TEN SING e/motion*, davon, dass wir mehr in Essen und in der Kirche bewegen können, einem Ladenlokal und schönem Wachstum der Gemeinschaft.

Shalom-Segen

Schöpfer, segne uns
mit Shalom, der das Leben schützt.
Jesus Christus, segne uns
mit Shalom der Solidarität.
Heilige Geistkraft, segne uns
mit Shalom im Atmen dieser Welt. Amen.

Eine Gruppe Freiwilliger hat die Fragen für e/motion beantwortet.

LUX in Nürnberg

JUNGE KIRCHE NÜRNBERG

Jugendgemeinde und offenes Jugendkulturzentrum

Wer seid ihr?

Wir sind eine Jugendkirche: eine Mischung aus Jugendgemeinde und einem offenen Jugendkulturzentrum im Norden Nürnbergs – mitten in einer lebhaften Wohnsiedlung. Unsere Mitarbeiter und Besucher – meist zwischen 13 und 30 Jahren – kommen aus dem Großraum Nürnberg. *LUX* wurde 2007 gestartet. Im Rahmen des Umbaus 2009 wurde die Kirche mit Medien- und Tontechnik ausgestattet und mit einer Lounge („*LUX*-BOX") jugendgerecht erweitert. Wir kommen aus der evangelischen Jugend, sind aber irgendwie „postkonfessionell" und feiern Lobpreisgottesdienste genauso wie Taizé-Gottesdienste, ausgefallene Teenager-Gottesdienste (wie den „Minecraft-Gottesdienst") oder politisch orientierte Gottesdienste. Unsere Kooperationspartner finden sich im gesamten christlichen Spektrum von katholischer Jugend bis zu Pfingstgemeinden.

LUX-Team ©LUX

Beschreibt mal in fünf Sätzen, was ihr zusammen macht und auch warum.

Wir feiern wöchentlich Gottesdienste in verschiedenen Formen, aber immer unter hoher Beteiligung von Jugend-

DJ ©LUX

lichen in der Vorbereitung und Durchführung. Wir wollen die Kultur junger Menschen in den Kirchenraum holen und veranstalten deshalb Konzerte, Partys, Theater, Diskussionen, Flohmärkte und Workshops in der Kirche. Das Herz von *LUX* sind die verschiedenen Aktivteams (rund 80 Leute in Band, Chor, Technik, Theater, Gastro, Security etc.), die zusammen die *LUX*-Community bilden. Jeder ist eingeladen, dabei zu sein und sich über das kreative Mitgestalten einzubringen. Vorkenntnisse oder Vorbekenntnisse sind nicht nötig. Wir arbeiten eng mit Schulen zusammen – Lehrer besuchen uns mit ihren Klassen zu unterschiedlichen Themen und wir unterstützen Schulen bei der Vorbereitung und Durchführung von Schulgottesdiensten mit hoher Jugendbeteiligung. In der „Haltestelle *LUX*" begleiten und fördern wir Jugendliche in Lebenskrisen, Helfen bei der Suche nach einem Ausbildungsplatz etc.

Gott ist für uns ... Vater. Creator. Zentrum. Der DA-Gott. Spaßvogel. Liebe. Jesus.

Glaube ist in unserem Alltag ... Alltag. Wir wollen den Alltag in die Kirche holen und den Glauben in den Alltag bringen. Deshalb essen, schlafen, feiern, denken, spielen, zocken, streiten und arbeiten wir im Kirchenraum unter dem Kreuz.

Interkulturelles Café ©LUX

Zusammen … bauen wir aus verschiedenen Fähigkeiten und Interessen *LUX*. Wenn das gelingt, sind das unsere besten Momente!

Uns regt richtig auf … wenn das Licht angeblieben, das Tonpult nicht aufgeräumt ist, leere Flaschen rumstehen oder nur halb leer getrunken wurden, Geschirr nicht gespült ist, SD-Karten verschwinden (wir glauben, es war Niklas!). Meistens sind 50 weitere dieser Probleme unsere einzigen wirklichen Aufreger. Gott sei Dank.

Wir engagieren uns für … eine moderne Kirche, die offen ist für junge Ideen, und glauben, dass unser Glaube an Jesus die besten Vorraussetzungen dafür mitbringt, dass sich Menschen in ihrer Persönlichkeit entwickeln und ihr gottgegebenes Potenzial entdecken können. Wir ringen ständig um ehrliche und gute Gemeinschaft.

Wie sieht es aus, wenn ihr eine Andacht habt, zusammen betet oder sonst euren Glauben ausdrückt?

Wir glauben, dass es kein Thema junger Menschen gibt, zu dem unser Glaube nichts zu sagen hätte. Deshalb gibt es bei uns Schoko-Gottesdienste, Worship-Nights, Minecraft- und Tagesschau-Gottesdienste, Gottesdienste zu Star Wars, zum Thema Armut oder zum Thema Luxus. Daneben gibt es auch schlichte Andachten und Momente der Stille.

Wie sieht es aus, wenn ihr zusammen feiert?

Kreativ und bunt.

Wie sieht es aus, wenn ihr 15 Jahre älter seid?

Dann sind viele von uns weitergezogen und unsere Youngsters werden diese Frage beantworten. :-) Will heißen: Wir wünschen uns, dass die Jugendkirche offen bleibt für junge Menschen. Das bedeutet auch, dass wir nicht miteinander alt werden, sondern eine Wegstrecke unseres gemeinsamen Weges genießen dürfen.

Euer Bibelvers: Es werde Licht! (1. Mose 1,3)
Euer Motto: Diversity lux great.
Euer Lieblingssong: „Geborgen“ (Eigenkreation)
Euer Lieblingsbuch: Unser Programmheft. (Wir denken gerade noch darüber nach, ob wir das gut finden.)
Euer Lieblingsort: Unser Kirchenraum.
Eure Netzwerke: WLAN, EJN, Facebook, CVJM, ESG, St. Lukas, WhatsApp, BDKJ, WBG, NOB, ESW, Allianz, Dekanat, Jugendkirchennetzwerk und viele andere.
Eure Vorbilder: Uns haben die unterschiedlichsten Bilder beeinflusst. Begeisternde Jugendgemeinden genauso wie Kulturlocations und Jugendzentren.

Für Lux antworteten die Leute im leitenden Team von Lux.

EXODUS in Hannover

Eine umherziehende Gottesdienst-Gemeinschaft

Wer seid ihr?

Eine umherziehende, sehr musikalische, eher charismatisch-kreativ-chaotische Gottesdienst-Gemeinschaft vor allem in und um Hannover herum, aber auch mal in Hildesheim oder Lüneburg. Unser Altersdurchschnitt liegt etwa bei 30 Jahren. Los geht's bei einem halben Jahr (unser erster Nachwuchs!) bis etwa Mitte/Ende 60. Wir sind schon ziemlich katholisch, sind aber auch gern und begeistert ökumenisch-charismatisch. Und ganz genau genommen gehören wir ins Bistum Hildesheim.

Beschreibt mal in fünf Sätzen, was ihr zusammen macht und auch warum.

Gebetslichter © Exodus

Vor allem und insbesondere feiern wir Gottesdienst: einmal im Monat, mit dem, was wir können, mit dem, was wir mitbringen, mit unseren Fragen, Sehnsüchten und Hoffnungen. Unsere Gottesdienste erzählen ganz viel von uns selbst und von Gott. Warum wir das tun: weil es Spaß macht, weil wir gemeinsam Gott feiern wollen, weil wir das gerne miteinander und mit vielen anderen tun. Wir haben keinen festen Ort, sondern viele verschiedene: Cafés, Kirchen, große Wohnzimmer, Kirchenruinen, Orte mit vielen Erinnerungen (Bergen-Belsen), Friedhofskirchen, ... Und ganz wichtig in dem Ganzen: die Musik. Geboren wurde die Idee 2011.

Priester in Sneakers © Exodus

Gott ist für uns ... Dreh- und Angelpunkt, Antreiber und Stoppzeichen, ein guter Freund und jemand, mit dem man sich ziemlich gut streiten kann, Fragensteller und Antwortgeber.

Glaube ist in unserem Alltag ... immer wieder ein Hinterfragen des Tuns und Seins, dabei ziemlich wichtig und Grundlage von so ziemlich allem.

Zusammen machen wir am liebsten ... singen, beten, Gottesdienst feiern, kreativ-chaotisch neue Aktionen planen und gemeinsam auf dem Weg sein.

Uns regt richtig auf ... dass es immer noch so viel Konkurrenzdenken in der (kirchlichen) Welt gibt. Braucht doch keiner!

Wir engagieren uns für ... junge Erwachsene in der katholischen Kirche, die oft und ziemlich schnell übersehen werden.

Wie sieht es aus, wenn ihr eine Andacht habt, zusammen betet oder sonst euren Glauben ausdrückt?

Eigentlich feiern wir einen ziemlich klassischen, katholischen Gottesdienst mit Begrüßung, Lesung, Evangelium und Eucharistie. Der Fokus liegt auf der Musik und der Liturgie und in ihrem Zusammenspiel. Die Themen ergeben sich oft aus dem Alltag: Das, was uns bewegt, die Menschen, die uns wichtig sind, finden einen Platz in unseren Gottes-

In der Kirchenbank © Exodus

diensten. Der Höhepunkt unserer Gottesdienste ist die gemeinsame Eucharistie-Feier, das Abendmahl. So wird Gott für uns ganz konkret erlebbar. Manchmal machen wir kleine Themenreihen (zum Beispiel drei Gottesdienste zu „Vom Dunkel ins Licht"). Die Gottesdienste hängen dann thematisch miteinander zusammen. Das ist ein gemeinsames Auf-dem-Weg-Sein, sich gemeinsam bewegen und weiter entwickeln. Manchmal sind wir an besonderen Orten, dann feiern wir mit dem, was der Ort uns gibt. Im ehemaligen Konzentrationslager Bergen-Belsen haben wir die Erinnerung gefeiert, der Menschen gedacht, die an diesem Ort ihr Leben gelassen haben. Wir merken immer wieder: Gemeinsam beten, gemeinsam singen, gemeinsam glauben, das sind die wesentlichen Dinge. Und ganz wichtig in alldem: Es darf auch Spaß machen.

Wie sieht es aus, wenn ihr zusammen feiert?

Tendenziell läuft Musik aus den 90ern. Es gibt wie auch immer geartete alkoholische Getränke. Sofas und Tanzen spielen eine große Rolle und eine zu später Stunde bestellte Pizza sorgt für ziemlich viel Begeisterung.

Wie sieht es aus, wenn ihr 15 Jahre älter seid?

Vermutlich läuft immer noch Musik aus den 90ern, die Sofas sind noch viel wichtiger geworden, während es die Kinder vermutlich inzwischen ziemlich uncool finden, mit ihren Eltern zu feiern. Pizza wird es auf jeden Fall auch weiterhin geben, genauso wie den Alkohol. Das wird also alles ziemlich großartig!

Euer Bibelvers: „Der Herr ist meine Kraft und mein Loblied; er hat mich gerettet. Er ist mein Gott, ich will ihn loben; er ist der Gott meines Vaters, ich will ihn preisen!“ (Exodus 15,2 NLB).

Euer Motto: Exodus. Raising the standard.

Euer Lieblingssong: Zurzeit „Du machst alles neu“ von Koenige & Priester.

Euer Lieblingsbuch: Reiseführer Israel.

Euer Lieblingsort: Bei einem von uns im Wohnzimmer.

Eure Netzwerke: Facebook, Instagram.

Eure Vorbilder: *e/motion, motoki-Kollektiv,* Tabor.

Den Fragebogen ausgefüllt hat Maren Trümper, Mitgründerin und Mitorganisiererin von Exodus.

Church goes Pub in Magdeburg

Monatliches Event in verschiedenen Kneipen

Wer seid ihr?

Wir sind ein überkonfessionelles Team aus zehn Studierenden und jungen Erwachsenen zwischen 17 und 27. Wir kommen aus verschiedenen Gemeinden, was dem Projekt guttut und es besonders macht. Die Idee kam im Oktober 2012 in einem Hauskreis auf. Als wachsende Gruppe junger Christen entstand der Wunsch, auch nach außen und für die Stadt zu wirken. Innerhalb von zwei Monaten bildete sich ein Team, das ein gemeinsames Ziel entwickelte: mitten in der Stadt von Jesus erzählen. *Church goes Pub* war geboren: eine Veranstaltung, die monatlich in unterschiedlichen Kneipen in Magdeburg stattfindet. Mittlerweile findet *Church goes Pub* auch in Rotenburg an der Fulda und in Ilmenau statt.

Beschreibt mal in fünf Sätzen, was ihr zusammen macht und auch warum.

Church goes Pub ist eine Plattform für das Gespräch über Gott und für die Begegnung von Gott und Menschen, sodass diese ihn finden und sich zu ihm hin verändern lassen. Unsere Veranstaltungen bestehen aus Live-Musik, einer spannenden Lebensgeschichte und Quatschen in gemütlicher Atmosphäre. Thematisch dreht sich jede Story auch um Gott und was er im Leben der Erzählenden gemacht hat. Wir laden hauptsächlich Freunde und andere Studierende ein, die sich für unseren Glauben interessieren oder sich eine Meinung bilden möchten. Am Abend entstehen dann direkt spannende Gespräche. Kurz gesagt: *Church goes Pub* ist für alle, denen Sonntagmorgen zu früh, Kirchenbänke zu hart und Predigten zu theoretisch sind.

Gott ist für uns ... unser Lebensmittelpunkt, Motivation für unser Handeln und derjenige, dem alleine Ehre gebührt.

Glaube ist in unserem Alltag ... Wir drehen den Satzanfang ein bisschen um: Wir wollen, dass unser Glaube im Alltag Realität und für jeden sichtbar ist.

Zusammen ... machen wir am liebsten einen Sonntagabend *Church goes Pub*: uns gut unterhalten, bei einer authentischen Geschichte mitfiebern und grandioser, handgemachter Musik lauschen.

Uns regt richtig auf ... wenn man Maaaaagdeburg sagt. ;-)

Wir engagieren uns für ... unsere Stadt! Wir lieben Magdeburg! Deswegen haben wir „*Church goes Pub* for benefit" ins Leben gerufen. Im Rahmen verschiedener Einzelaktionen wollen wir als Team gemeinsam mit den Besuchern und Freunden in Magdeburg aktiv werden und Menschen Gutes tun: da sein, geben, teilen.

Wie sieht es aus, wenn ihr eine Andacht habt, zusammen betet oder sonst euren Glauben ausdrückt?

Church goes Pub findet im Schnitt unter dem Semester einmal im Monat statt. Für jeden Einzeltermin gibt es ein Vorbereitungstreffen und eine Nachbesprechung. Die Treffen laufen meist ähnlich ab: Begrüßung und Einstieg, dann gemeinsames Gebet, dann Check aller Teams in Vorbereitung/Nachbereitung des *Church goes Pub*-Abends (Technik, Moderation, Location, Band, Finanzen, Deko, Leitung, Öffentlichkeitsarbeit).

Wie sieht es aus, wenn ihr zusammen feiert?

Bei einem Abend *Church goes Pub* geht es für das Mitarbeiterteam um 17 Uhr in einer der Magdeburger Bars mit einer gemeinsamen Gebetsrunde los. Nach dem Aufbau der Technik für Band und Redner bleibt noch etwas Zeit für einen Soundcheck. Gegen 18.30 Uhr kommen die ersten Gäste, los geht es dann offiziell um 19 Uhr mit einem Musikblock der *Church goes Pub*-Band, der etwa 30 Minuten dauert. Anschließend wird der Redner durch ein Moderationsteam begrüßt und vorgestellt und erzählt dann in 30 bis 45 Minuten seine persönliche Lebensgeschichte. Die Zuhörer haben während dieser Zeit die Gelegenheit, Fragen in Frageboxen, die auf den Tischen verteilt stehen, einzuwerfen. In einer kurzen Musikpause werden die Fragen sortiert und dem Redner gestellt. Abschließend spielt die Band noch ein oder zwei Songs und lässt den Abend ausklingen. Natürlich ist jeder eingeladen, länger in der Bar zu bleiben, Fragen zu stellen oder sich einfach nur gut mit seinen Freunden zu unterhalten.

In der Kneipe ©Thomas Sasse

Wie sieht es aus, wenn ihr 15 Jahre älter seid?

Manche von uns haben dann sicherlich einen Bart. Manche sind verheiratet. Möglicherweise studiert auch noch einer. Der eine wohnt in München, ein anderer in Berlin und wieder ein anderer in Magdeburg. Das alles kann in 15 Jahren sein. Aber in 15 Jahren blicken wir vor allem auf eine außergewöhnlich prägende Zeit in Magdeburg zurück. Eine

Zeit, in der wir Gott erleben durften, eine Zeit, in der Gottes Gnade für uns sichtbar wurde. Und wenn man dann an einem Sonntagabend irgendwo in Magdeburg durch das Fenster einer kleinen Kneipe schaut, dann sieht man vielleicht ein paar Studenten, die gerade einen Soundcheck machen. Denn: Um 19 Uhr geht *Church goes Pub* los!

Publikum ©Thomas Sasse

Euer Bibelvers: „Verhaltet euch klug und besonnen denen gegenüber, die keine Christen sind. Nutzt die wenige Zeit, die euch noch bleibt! Redet mit jedem Menschen freundlich; alles, was ihr sagt, soll gut und hilfreich sein. Bemüht euch darum, für jeden die richtigen Worte zu finden" (Kolosser 4,5-6 Hfa). "Suchet der Stadt Bestes" (Jeremia 29,7).

Euer Motto: *Church goes Pub* ist für Gott. Es ist ein Ort, wo Menschen durch Live-Musik, Lebensgeschichte, Gemeinschaft und klare Verkündigung des Evangeliums Jesus begegnen. Wir sind überzeugt, dass das nur auf der Grundlage regelmäßigen Gebetes in vollem Vertrauen auf Gott entstehen kann. Wir gestalten *Church goes Pub* voller Liebe (untereinander und für andere) und professionell für Magdeburg. Gott schreibt mit *Church goes Pub* und uns als Magdeburgern eine neue Geschichte. Dabei bieten wir eine Plattform für die Begegnung von Gott und Menschen, sodass diese ihn finden und sich zu ihm hin verändern lassen. Dies versuchen wir aus unserem Glauben heraus zu leben.

Euer Lieblingssong: Jeder Song der *Church goes Pub*-Band.

Euer Lieblingsbuch: Die Bibel.

Euer Lieblingsort: Das ist natürlich Magdeburg!

Eure Netzwerke: Wir sind auf Facebook unter www.fb.com/churchgoespub.de und im Internet unter www.churchgoespub.de/md/ zu finden.

Eure Vorbilder: Menschen, die durch ihr Leben authentisch von Jesus reden und ihre Talente für Gott einsetzen.

Für Church goes Pub antwortete Benedikt Seelhorst, der das Ganze leitet (mithilfe von Texten aus dem Konzept, der Vision und der Internetseite).

netzwerk junge erwachsene in St. Gallen

Ein Team für unkonventionelle Projekte

Wer seid ihr?

Wir sind das *Netzwerk Junge Erwachsene* der Evangelisch-reformierten Kirche des Kantons St. Gallens, eine Gruppe von jungen Erwachsenen zwischen 20 und 35, die seit 15 Jahren im Kanton St. Gallen in der Schweiz für eine junge, offene und aktive Kirche einsteht.

Netzwerk ©AGJE

Beschreibt mal in fünf Sätzen, was ihr zusammen macht und auch warum.

Wir treffen uns regelmäßig zu einem sogenannten Stamm. Bei diesen Treffen spinnen wir an neuen Projekten und vernetzen uns mit bestehenden Projekten. 18- bis 35-Jährige haben gewagte Träume und spinnen unkonventionelle Ideen für die Kirche. Wir vernetzen sie. Vom 50-Stunden-Theater bis zum Braukurs „Kirche ist auch mein Bier": Wir lassen uns von Ideen begeistern und helfen bei der Umsetzung und Finanzierung. Leben heißt auch glauben, zweifeln, suchen. Wir setzen uns auf ungezwungene Art mit dem Glauben auseinander.

Gott ist für uns ... allgegenwärtig.

Glaube ist in unserem Alltag ... Gemeinschaft leben und Leben miteinander teilen. Eine Tradition ins Hier und Jetzt zu übersetzen.

Zusammen machen wir am liebsten: Essen und trinken.

Uns regt richtig auf ... wenn der Glaube an den Menschen vorbei lebt.

Wir engagieren uns für ... junge Erwachsene im kirchlichen Umfeld.

Netzwerk im Schnee ©AGJE

Wie sieht es aus, wenn ihr eine Andacht habt, zusammen betet oder sonst euren Glauben ausdrückt?

Meistens haben wir am Anfang oder am Schluss einer Sitzung einen ruhigen Moment. In diesem hören wir eine Geschichte oder einen Gedanken.

Wie sieht es aus, wenn ihr zusammen feiert?

Ruhig, andächtig und persönlich, etwa wenn wir gemeinsam über einen Gedanken sinnen. Wir feiern auch gerne weltlich. :-)

Wie sieht es aus, wenn ihr 15 Jahre älter seid?

Dann sind wir zu alt für dieses Netzwerk.

Euer Bibelvers: „Wo zwei oder drei in meinem Namen versammelt sind, da bin ich mitten unter ihnen" (Matthäus 18,20).

Euer Motto: Spinnen. Tun. Leben.

Euer Lieblingsbuch: „Gotti Götti"-Buch vom Netzwerk für Junge Erwachsene .

Euer Lieblingsort: Haus zur Perle in St. Gallen.

Eure Netzwerke: Kirchgemeinden, Pfarreien, Bistum.

Eure Vorbilder: Vadian, Reformator von St. Gallen? Der barmherzige Samariter? Jesus? Lydia? Josef?

Gemeinschaft leben ©AGJE

Das Team vom Netzwerk Junge Erwachsene hat die Fragen zusammen beantwortet.

SOULDEVOTION in Baden-Württemberg

Ein Netzwerk für junge Erwachsene

Wer seid ihr?

Wir sind eine Jüngerschaftsbewegung, die Menschen aus verschiedenen Gemeinden, Organisationen und Kirchen verbindet. Unser Wunsch ist es, Menschen zwischen 16 und 35 durch ein werteorientiertes Leben mit Gottes Liebe in Verbindung zu bringen, sie für ein ganzheitliches und authentisches Leben mit Gott zu befähigen und so in verschiedene Bereiche der Gesellschaft hineinzuwirken. Wir sind seit zwölf Jahren aktiv unterwegs mit dem Schwerpunkt in Baden-Württemberg. Unsere Vision ist, als Netzwerk in ganz Deutschland unterwegs zu sein.

Beschreibt mal in fünf Sätzen, was ihr zusammen macht und auch warum.

Unser Schwerpunkt liegt auf jungen Menschen, die wir miteinander vernetzen, befähigen, begleiten und sie in ihre Berufung führen wollen. Dafür haben wir verschiedene Bereiche: Anbetung, Ladies, Männer, *SoulDevotion* vor Ort, Seelsorge. Unsere Wurzeln liegen im charismatischen Bereich, wir sind aber Christen aus verschiedenen Denominationen und wollen Glaube ganzheitlich sehen und leben. Augustinus fasst das gut zusammen: „Im Wesentlichen Einheit, im Zweifelhaften Freiheit, in allem Liebe.“

Gott ist für uns ... Schöpfer und liebender Vater, der trösten kann wie eine Mutter. Er ist in Jesus Christus Freund und

Die Band © SoulDevotion

Erlöser. Er ist Heiliger Geist, der in uns wohnt und im Alltag führt und begleitet.

Glaube ist in unserem Alltag ... sichtbar. Er zeigt sich in unseren Beziehungen, die wir leben. In der Beziehung zu ihm, zu anderen Christen in der Gemeinschaft und zu Menschen die noch keine persönliche Beziehung zu Christus haben.

Zusammen ... machen wir am liebsten das, was gerade dran ist: Beziehungen leben, einfach zusammen *sein*, gemeinsam essen, das Leben teilen, Gott anbeten, auf ihn hören und dann tun, was er uns ans und ins Herz legt.

Uns regt richtig auf ... dass wir Christen nicht davor gefeit sind, Unrecht zu tun, Macht und Kontrolle auszuüben und damit immer wieder Menschen verletzen, Gemeinschaft und Hoffnung zerstören, anstatt uns mehr um die Ungerechtigkeiten in unserer Welt und in unseren Orten zu kümmern.

Wir engagieren uns für... Menschen, die in Not sind, ohne Hoffnung, mit körperlichen und seelischen Schmerzen.

Euer Bibelvers: „Ein neues Gebot gebe ich euch, dass ihr euch untereinander liebt, wie ich euch geliebt habe, damit auch ihr einander lieb habt. Daran wird jedermann erkennen, dass ihr meine Jünger seid, wenn ihr Liebe untereinander habt“ (Johannes 13,34f).

Euer Motto: *SoulDevotion* ist für Menschen, die Sehnsucht danach haben, dass man in sie investiert, die selbst leidenschaftlich in junge Menschen investieren möchten und so Gottes gutes Reich bauen wollen.

Euer Lieblingssong: „Neues Leben“ – *SoulDevotion Music.*

Euer Lieblingsbuch: „Glaube und Dann?“ – N.T. Wright.

Euer Lieblingsort: In Gottes Armen.

Eure Netzwerke: Evangelisches Jugendwerk in Württemberg, *networkXXL*, Netzwerk junger Gemeinden, *Musikplus*, CVJM in Württemberg und darüber hinaus, *LEAP Network, Inno Creek (Willow Deutschland)*

Eure Vorbilder: Viele Menschen voller Sehnsucht danach Reich Gottes zu bauen, Jesus und Menschen die seinem Beispiel gefolgt sind.

Aleko Vangelis hat für SoulDevotion geantwortet.

niA wortmusik

Online-Plattform für Nachwuchskünstler_innen

Wer seid ihr?

Wir sind ein Initiativteam zwischen 22 und 27 Jahren und wohnen zurzeit in Groningen (NL), Osnabrück und Berlin. *niA wortmusik* arbeitet seit Mai 2015 in erster Linie als Online-Kanal, der Nachwuchskünstlerinnen und -künstler fördert, indem er ihre Songs und Texte in den Sozialen Medien verbreitet. Sowohl der engere Kreis, also auch die Künstlerinnen und Künstler sind spirituell ganz unterschiedlich geprägt: Wir kommen aus Landeskirchen der evangelischen und katholischen Kirche, aus Freikirchen, Jugendverbänden und internationalen Kirchen. Mit *niA wortmusik* wollen wir innerprotestantisch, überkonfessionell, ökumenisch und vor allem in der Welt arbeiten. Uns vereint die Suche nach lebendiger und authentischer Sprache über Glaube und Lebenswirklichkeit.

Beschreibt mal in fünf Sätzen, was ihr zusammen macht und auch warum.

Musik und Poesie hören wir mit dem Herzen. Sie heilen Wunden, werfen Fragen auf oder sind Inspiration für neue Ideen. Songs und Texte begleiten uns oft ein Leben lang, weil sie besondere Erfahrungen in Momentaufnahmen verdichten. *niA Wortmusik* ist auf der Suche nach neuen sprachlichen Ausdrucksformen in Musik und Poesie. Wir selbst haben uns dabei von Nia aus der Erzählung „Vom Duft des Himmels“ inspirieren lassen, die sagt: „Ich vertraue dem, der den Duft des Himmels riechen kann, mehr als einem, der ihn mir erklären möchte."

Auf diesem Hintergrund stellen wir Künstlerinnen und Künstler vor, von denen wir inspiriert worden sind, und helfen ihnen, sich mit eigenem Video in den Sozialen Medien zu präsentieren. Mit einem alten VW-Bus wollen wir dazu in Zukunft eine mobile Location für Audio- und Videoproduktionen schaffen.

Gott ist für uns ... einerseits eine ungreifbare Idee und andererseits ein spürbares Wesen.

Glaube ist in unserem Alltag ... in Fragen, Ideen, Gesichtern, in der Kunst, im Radio und TV. Der Glaube an etwas umgibt unsere aufgeklärte Welt – viel mehr als wir denken. Die einen glauben an die Menschheit, andere an das Schicksal, Geld, Liebe, Hass oder die Wissenschaft. Glaube heißt „sich beziehen auf", sich einer Idee anzuvertrauen und dort heimisch zu werden. Das Heimischwerden bei Gott ist so spannend, weil Gott in dieser Welt und dennoch nicht von dieser Welt ist.

Zusammen ... gehen wir am liebsten auf Entdeckungsreise und suchen auf Konzerten, Lesungen und im Netz nach neuer Musik und Wortkunst.

Uns regt richtig auf ... dass wir Christen oft eine Sprache sprechen, die die Menschen um uns herum nicht mehr verstehen.

Wir engagieren uns für ... eine neue Sprachfähigkeit der Christen und ihrer Kirchen und lassen uns dabei von künstlerischen Ausdrucksformen inspirieren.

Euer Bibelvers: „Wenn wir uns untereinander lieben, so bleibt Gott in uns und seine Liebe ist in uns vollkommen" (1. Johannes 4,12).

Euer Motto: Komm und schau dir mit mir diesen Himmel an!

Euer Lieblingssong: Unsere Lieblingssongs findet ihr in *niAs* Musik-Mixtape auf www.nia-wortmusik.de.

Euer Lieblingsbuch: „Der Duft des Himmels" von Fabian Vogt und Martin Schultheiß.

Euer Lieblingsort: Jetzt und hier.

Eure Netzwerke: Inhaltlich fühlen wir uns mit vielen Erneuerungsbewegungen und innovativen Projekten innerhalb der christlichen Kirchen verbunden, zum Beispiel *FreshX, Ohrwurm Frankfurt, FollowMe* vom CVJM-Westbund, *e/motion* in Essen oder *Liveworship*.

Eure Vorbilder: Unsere Paten: Marco Michalzik, Christina Brudereck und Ben Seipel (2Flügel), Fabian Vogt und Martin Schultheiß (DuoCamillo).

Für niA antwortete Philipp Eifler, der das Projekt leitet.

Stadtveränderer in Hamburg

Bürogemeinschaft mit sozialen und geistlichen Ambitionen

Wer seid ihr?

Eine Bürogemeinschaft für Freiberufler, Unternehmer, Künstler, soziale und christliche Initiativen. Unser 270 qm^2 großes Loft liegt in einem alten Fabrikgebäude im Hamburger Stadtteil Hamm, der nicht gerade für Kreativität und Innovation steht. Eher für Nachkriegsbauten und Gehwagen. Aber Dorothea und Detlef Pieper, die mit Herzblut Hammer sind, haben nach und nach die raue Schönheit und die kreativen Kleinode dieses Stadtteils entdeckt und darunter auch das Loft für uns gefunden. Beim Ausbau war uns wichtig, den rauen Charme der Fläche zu erhalten. Der Boden ist grob und uneben, an manchen Deckenpartien liegen die Farb- und Putzschichten der letzten Jahrzehnte frei und durchbrechen die frisch geweißten Flächen. Das Loft ist seit 2012 ein Ort für Menschen – derzeit zwischen 22 und 54 Jahren –, die gerne offen und im Mix mit anderen arbeiten und die Lust haben, neben ihrer Arbeit positive Impulse zu setzen – in unserem Stadtteil und darüber hinaus. Gerade sind zwölf unserer insgesamt 13 Arbeitsplätze vermietet, die

Gründertrio © Roland Magunia

Die Arbeitsplätze © endlichbilder.de

Mehrzahl an Christen, aber nicht alle. Und das ist gut so. Die Christen unter den Stadtveränderern kommen überwiegend aus dem freikirchlichen Bereich, die meisten sind gerade in verschiedenen freien Gemeinden zuhause, manche hingegen im „Gemeinde-Sabbat".

Beschreibt mal in fünf Sätzen, was ihr zusammen macht und auch warum.

Mit kleinen und größeren Veranstaltungen gestalten wir unseren Stadtteil mit: zum Beispiel mit einem Designmarkt, einem „Station Sinn"-Glaubenskurs, einer „7 Wochen ohne wie immer"-Fastenaktion, einer „Freundinnen"-Party, unterschiedlichen Lesungen und Konzerten ... Gerne geben wir unseren Raum auch anderen: Ein Filmstudent drehte in unserem Loft seinen Diplom-Film, ein Modelabel machte Bilder von seiner neuen Kollektion und eine Bildungsinitiative veranstaltete mehrmals ihre Netzwerkabende bei uns.

Gott ist für uns ... unser Vater, der große Unbekannte, Liebe at its best.

Glaube ist in unserem Alltag ... mit beiden Beinen auf der Erde stehen und mit himmlischer Sicht leben. Mehr für möglich halten, als ist. Gefolgschaft Jesu.

Zusammen machen wir am liebsten ... Kaffee an der Werkbank zapfen und dann Klönschnack halten. Ideen entwickeln und diese in schöne Form bringen.

Uns regt richtig auf ... Gut gemeint und schlecht gemacht. Dogma statt Liebe. Abfinden statt verändern.

Wir engagieren uns für ... ein achtsames, kreatives und sinnvolles Leben im Stadtteil und darüber hinaus.

Wie sieht es aus, wenn ihr eine Andacht habt, zusammen betet oder sonst euren Glauben ausdrückt?

Dienstags um 12.30 Uhr gibt es das „Andächtle", eine 20-minütige spirituelle Pause für unser Büro und unsere Hausnachbarn: Die Glocke klingelt, die Kerze brennt. Wir nehmen Platz und richten unseren Blick auf das kleine Kreuz, das auf dem Sideboard im Besprechungsraum steht. Ein Song wird eingespielt, wir hören und kommen an. Jemand liest:

Pausenecke im Loft © Stadtveränderer

Eingangsvotum
Wir halten inne am Tag.
Wir unterbrechen unsere Arbeit,
wir unterbrechen unser Denken.
Wir unterbrechen uns selbst.
Wir atmen tief durch.

Wir feiern diese Andacht
im Namen Gottes,
der wie eine Mutter und ein Vater
für uns sorgt, weil er uns liebt,
im Namen Jesu Christi,
der diese Liebe unter uns hat Gestalt werden lassen
durch den Tod hindurch,
in der Kraft des Heiligen Geistes,
die unserem Denken, Fühlen und Wollen
Lebendigkeit und Weisheit geben möge. Amen.

Dann folgt ein Bibeltext oder eine Textlesung als Impuls, über den wir in der Stille nachdenken. Dann ein gemeinsames Lied oder eine Gebetsgemeinschaft, die wir mit dem Vaterunser abschließen.

Hinführung zum Segen
Steh mit beiden Beinen fest auf der Erde
und finde deinen Halt.
Richte dich aus nach oben
und entdecke die Weite über dir.
Spüre dich selbst,
deine Mitte,
ausgestreckt zwischen Himmel und Erde,
gehalten und getragen von Gottes Segen.

Segen
Der Herr segne euch und beschütze euch!
Der Herr blicke euch freundlich an
und schenke euch seine Liebe!
Der Herr wende euch sein Angesicht zu
und gebe euch Glück und Frieden!

Das ist unsere Liturgie, die wir teilweise vom Ökumenischen Forum *HafenCity* übernommen haben. Mit dem „Andächtle" findet der Glaube Raum bei unserer Arbeit und wir können uns zwischen den Aufgaben bei Gott ausruhen. Das ist wohltuend. Danach stärken wir uns meist mit einem gemeinsamen Essen. Neben dem „Andächtle" laden wir *Stadtveränderer* einmal im Monat zum „Hammer Gebet" ein, das für jeden aus unserem Stadtteil offen ist. Dabei geht es um alles, was die Hammer bewegt: ein Aufzug für den benachbarten S-Bahnhof, das Überleben kleiner Läden, Kraft für die Lehrer an den Schulen ...

Wie sieht es aus, wenn ihr zusammen feiert?

Lecker, üppig, gut ausgeleuchtet, mit ästhetischen Schmankerln, wohltuenden Worten, liebevoll arrangierten Details, Menschen im Mix, Atmosphäre zum Eintauchen ...

Wie sieht es aus, wenn ihr 15 Jahre älter seid?

Wir sehen älter aus. Alles andere steht in Gottes Sternen.

Euer Motto: „Das Hammer uns verdient." Könnte passen. Aber eigentlich haben wir kein Motto.
Euer Lieblingssong: „Nur noch kurz die Welt retten." :-)
Euer Lieblingsbuch: Natürlich die Bibel. :-) Weil wir ansonsten sehr unterschiedliche Bücher lesen.
Euer Lieblingsort: Das *Stadtveränderer*-Loft. Welcher Ort könnte schöner sein?
Eure Netzwerke: Unsere Hammer Nachbarn, jede Menge Gestalter und Christen in Hamburg ...
Eure Vorbilder: *Impact Hubs* (www.impacthub.net).

Geantwortet hat Anne Albers-Dahnke für die Stadtveränderer.

JESUS IN MY HOUSE

Thank you heavenly father
for your love for me
I'm forever grateful that you
sacrificed your son
You saved my soul
and changed my destiny
Thank you God for Jesus in me

I'm so glad that Jesus lives
in my house
Good to know that he is here
with me now

All of my life
Jesus in me
Jesus in my house
All of my life and always will be
Thank you for the purpose
you have placed in me

Thank you for forgiveness
and the chance to start again
I face the future knowing I will be
save and sound with Jesus in me

JUDY BAILEY

KURZPORTRÄT

Huch, ein Klassiker. Okay, Judy ist voll Generation X. Unter allen, die auf den Bühnen unserer Jugendgottesdienste predigten, sangen, schauspielten, war Judy etwas Besonderes. Ihre Musik lebt, die Texte stimmen. Da ist nichts Gewolltes dran. 2002 kam dieser Song raus und gehörte mit zum Soundtrack des Christivals – prägend zumindest für die in den Achtzigerjahren Geborenen unter uns. Er steht hier wie ein Denkmal für all die Feiert-Jesus-Lieder, die eine erste Möglichkeit waren, unseren Glauben in moderner Sprache und in einer ziemlich zeitgemäßen Form zu artikulieren. Es gibt nicht viele Lieder, wo alles so passt. Das ist einfach gute Musik. Judys neues Album ONE ist 2016 erschienen, siehe www.judybaily.com

Zwei Blicke von außen

Gedanken zur Generation Y von Christina Brudereck und Fulbert Steffensky

Die Umfrage, die Porträts, die Netzwerke sind dargestellt von Hannes und Stephanie, Natives der Generation Y. Wir erzählen von uns. So sehen wir uns, so glauben wir, das hoffen wir und so lieben wir. Aber wie sehen uns andere? Vor allem: Wie sehen andere Christen uns und unseren Glauben? Haben sie noch Erwartungen an uns, teilen sie unsere Hoffnung und sehen sie unsere Liebe? Wir haben Christina Brudereck und Fulbert Steffensky zum Gespräch über Generation Y eingeladen. Wir erhofften uns interessante Perspektiven beim Nachdenken über uns selbst.

Christina Brudereck scheint uns dicht dran zu sein an unserer Generation. Sie hat eine Zeit lang bei *JesusHouse* gepredigt und damit viele von uns geprägt. Und sie gehört zu den Gründerinnen von *e/motion*, wo sich auch die Generation Y zu Hause fühlt. Sie predigt in einer unkonventionellen, modernen und in unseren Augen absolut relevanten Weise. Ihre Poesie steckt voller Glauben und wie sie ihren Glauben formuliert, steckt voller Poesie. Auf der Suche nach neuen Worten für die alte Wahrheit sind wir bei ihr richtig.

Fulbert Steffensky gehört zu denen, die Theologie und Kirche richtig aufgeregt haben, und heute vielen Vorbild oder Inspiration sind. Er fällt mit einem ungewöhnlich politischen Glauben und Engagement auf. Befreiung, Gerechtigkeit und Spiritualität sind bis heute seine Themen. Weil Glaube, Alltag und Gesellschaft bei ihm untrennbar verknüpft sind, wollten wir auch seine Meinung hören. Sie haben das Gespräch per E-Mail geführt. Und sie haben sich entschieden, nicht *über* uns, sondern *zu* uns zu sprechen. Danke euch beiden für den Segen!

Christina Brudereck Bevor es losgeht: Irgendetwas sträubt sich in mir, für eine ganze Generation zu sprechen. Für alle Mittvierziger_innen. Insgesamt und allgemein. Ich spreche lieber für mich. Noch steiler stehen mir die Haare zu Berge bei dem Gedanken, über oder zu einer ganzen Generation sprechen zu sollen. Ich kenne doch nur einzelne Personen. Menschen mit ihrer je eigenen Geschichte. Mit ihrer Ausstrahlung, Begabung, mit Schwächen, Reizen und Marotten. Ich kenne nicht die ganze Gruppe. Ich habe keinen Überblick, nur ein paar Begegnungen auf Augenhöhe. Wie könnte ich euch alle in einen Topf werfen? Wo ich den Individualismus doch so sehr schätze wie ihr? Ha! Jetzt habe ich es doch gesagt: „ihr". Und während ich an euch denke. An euch einzelne Ys. Und nach euren Gemeinsamkeiten suche, die eine Botschaft an euch alle entschuldigen könnte, trotz der Einwände, die mein lieber Genosse Individualismus weiterhin einbringt, fällt mir auf, dass ihr „Unterschiede" nicht so kennt wie ich. Zum Beispiel den Unterschied zwischen Arbeit und Freizeit. „Ihr" könnt bei einem privaten Abendessen nebenbei noch drei Mails beantworten, ein Handyticket buchen und ein kurzes Gespräch mit eurer Chefin führen, die ohnehin eher eine Freundin ist. Ihr wart ja während der Arbeitszeit auch joggen und habt online ein paar Geburtstaggeschenke gekauft. Ihr seid mit den Gedanken noch halb im Büro, halb schon beim nächsten Termin und empfindet euch trotzdem als präsent. Weil ihr es nicht anders kennt. (Mein sozialer Genosse Indivi erinnert mich gerade an eine Ausnahme. Ja, die gibt es natürlich. Nur, um es noch mal zu erwähnen.) Auch „ihr“ kennt also das Wochenende und den Feierabend. Aber eben nicht in Reinform. Ihr kennt den Sonntag. Aber für euch muss er nicht heilig sein. Ihr macht Urlaub, aber der ist dann sinnvoll. Oder ihr fotografiert nebenbei für ein aktuelles Projekt. Vollkommen zweckfreie Zeit scheint ihr nicht zu kennen. Nicht zu brauchen. Nicht zu mögen. Ihr trennt einfach nicht so viel. Außer Müll natürlich.

Ihr trennt nicht so viel. Ihr seid gleichzeitig auf Sendung und verspielt. Eure Mode ist immer auch ein Statement und niemals nur etwas, das verdeckt und warm hält. Selbiges gilt für Kaffee, Laptop und Telefon, Rucksack, Schreibtischstuhl, Ferienort, Fahrrad, den Job, die Wohnform und den Freundeskreis. Es wird nie anstrengend wirken, sondern immer wie zufällig gewählt. Es sollte fair sein und funktionieren, predigen wie posten. Es muss euch selbst optimieren und die Welt verbessern. Ihr kriegt das alles unter einen Hut.

Ihr teilt nicht ständig ein. Das Wort „Verwobenheit“ habe ich von euch gelernt und ich liebe es. Sie zu erleben, ist eine Stärke. Eine Begabung, die unsere zerrissene Welt dringend braucht. Ihr seid dialogfähig. Dass Gott viele Namen hat, ist für euch nicht nur kein Problem, sondern die Schönheit des Ganzen. Dogmen, Bekenntnisse, Denominationen sind nicht eure Sprache. Ihr wollt willkommen heißen, liebe Generation Y. Dafür schon mal danke! Sicher grenzt auch ihr aus, vermute ich. Aber eure Grenzen verlaufen anders. Na-

türlich zieht auch ihr feine Linien zwischen dazugehörig, vertraut und fremd. Aber eure Labels sind jünger, nicht so altehrwürdig. Daher flexibler. Anpassungsfähiger. Offener. Auch „heilig“ und „profan“ unterscheidet ihr nicht so, wie ich es tue. Dafür seid ihr zu pragmatisch. Der Kontext einer Bach-Hymne muss euch nicht interessieren, selbst der Text ist nicht so wichtig, wenn sie nur das richtige Gefühl vermittelt. Eine Kirche kann euch zu Tränen rühren, aber wenn es euren guten Interessen nutzt, würdet ihr ohne mit der Wimper zu zucken eine Großbildleinwand vor die Altarbilder stellen. Träume und Visionen sind für euch Alltagsworte. Der Papst fasziniert euch, ihr könnt ihn sogar hin und wieder als Autorität akzeptieren, dafür müsst ihr weder Kirchenmitglieder noch irgendwie gläubig sein. Für den Dalai Lama gilt ja dasselbe. Wer nett ist und euch inspiriert, darf bleiben. Göttliches begegnet euch in der Fußgängerzone, Ekstase erlebt ihr beim Sport, Erotik beim Kochen. Das hat etwas beneidenswert Freies. Ich wusste noch, wann ich Neuland betrete, frech bin und forsch, zu neugierig, Grenzen überschreite. Ihr nehmt sie oft gar nicht mehr wahr.
Beim Unterschied zwischen Mann und Frau ist es ganz kompliziert mit euch. Besser: „Ihr“ seid echt kompliziert für mich. (Der Genosse erinnert mich an einige Sympathisantinnen, die meine allgemeine Beobachtung widerlegen und diese Erinnerungen tun mir gut.) Ihr übernehmt gerne die Errungenschaften der Frauenbewegung des letzten Jahrhunderts. (Schlau!) Gleichberechtigung ist euch wichtig, den Männern wie den Frauen. (Gut so!) Über geschlechtergerechte Sprache aber schmunzelt ihr. (Schade.) Noch doller: Eure Hochzeiten inszeniert ihr dagegen gerne mit Symbolen aus dem vorletzten Jahrhundert. Ihr heiratet in Schwarz-Weiß (krass!) und Väter werden angebettelt, die

Töchter zum Altar (Tisch!) zu führen. Um danach wieder alle miteinander ganz entspannt einfach Menschen zu sein. In androgyner Mode. Gerne queer. Ihr habt alltäglich jeweils eine größere Bandbreite an Verhaltensweisen in petto. Mir sitzt die Unterscheidung so tief in den Knochen wie das Wissen darum, dass Freiheit und Rechte niemals selbstverständlich sind.

Also: „Ihr“ hinterfragt mein Trennen. Und ich hänge an meinen Unterscheidungen. Bei einigen ahne ich nur, warum. Bei anderen weiß ich es klar. Wieder andere könnte ich wohl aufgeben oder ich habe sie bereits verabschiedet. Was ich „heilig“ nenne, bekommt besondere Aufmerksamkeit von mir und ich räume ihm Unterbrechungsrecht ein. Darauf will ich nicht verzichten. Der siebte Tag wird für mich immer der besondere, andere sein. Aber Kollegen könnten wohl Freunde werden und mit mancher Freundin könnte ich auch gut zusammenarbeiten. Gleichzeitig brauche ich Zeiten ohne Erreichbarkeit, auch das gebe ich nicht auf. Wundert euch oder genießt es, wenn ich euch besuche und mein Handy lautlos stelle. Und ja, es ist eine breite Skala, dieses Frau- und Mann-Sein, und ich bin irgendwo auf dieser Skala; es darf beim Menschsein gerne beweglicher, unordentlicher werden und spielerischer. Ich lerne von euch. Und an den lieben Genossen gerichtet sage ich: Es sind doch nicht nur die Einzelnen, die mich bereichern, sondern es gibt mehr: eine Atmosphäre, die ihr gemeinsam verbreitet. Diese Attitüde der Verwobenheit. Und eure Fähigkeit zum Willkommenheißen – die begrüße ich sehr.

Fulbert Steffensky Ihr seid die Generation meiner Enkel. Ich habe eine größere Distanz zu euch als Christina. Ich verstehe euch weniger als sie. Das macht nichts. Ich muss euch ja nicht verstehen und Distanz bedeutet ja keine Feindschaft, aber Fremdheit. Die Fremdheit verunsichert uns Alte, und sie ist eine wundervolle Gelegenheit, neugierig auf euch zu werden. Was lerne ich von euch? Ich weiß nicht, ob es mir noch gelingt, aber ich könnte von Euch das Lernen lernen. Meine Generation hat Lehren gelernt, kirchliche und moralische Lehren. Unser Lernen hieß, probates Wissen der Überlieferung zu übernehmen. Wir haben Fremdes gelernt und es uns im besten Fall zu eigen gemacht. Ihr seid Meister eines neuen Wissens. Euch lehrt das Experiment, nicht die Weisheit der alten Meister und die Tradition mit ihren festen Regeln. Ihr seid Experten im Experiment. Wissen aus dem Experiment heißt nun neues, bisher nicht bekanntes Wissen. So ist es in euren Berufen. Das feste Wissen von gestern mag morgen schon nicht mehr genügen. Ihr kennt die Lust und den Zwang, dauernd neu zu lernen. Ihr experimentiert in eurem Lieben, in der Erziehung eurer Kinder, in eurer Beziehung zu Menschen. Darum beneide ich euch. Aber ich bin auch besorgt um euch. Wo könnt ihr euch ausruhen? Kann man leben im fliegenden Wechsel? Ihr habt kaum Lehrer, wie wir sie hatten; Lehrer, denen man vertraut hat und auf deren Lehren man sich verlassen hat, wenigstens auf Zeit; Bücher, auf die man lange Zeit gesetzt habt. Wir hatten Bibeln, ihr habt Flugschriften. Ihr müsst euch ständig neu erfinden. Ich wünsche euch, dass ihr nicht nur an euch selbst lernen müsst.

Meine Enkel lehren mich, dass es nicht nur *eine* Heimat gibt. Meine Generation lebte in der Welt der Nesthocker. Wir blieben meistens in der Gegend, in der wir geboren waren; in dem Beruf, den wir einmal gewählt hatten und in dem Glauben, in dem wir erzogen wurden. Heimat empfanden wir in der Treue zu unseren Herkünften und zu den einmal getroffenen Wahlen. „Bleibe im Land und nähre dich redlich!“, war unsere Devise, Bleiben unsere Tugend. Meine Enkel sind Nestflüchter. Wechsel, Zeitweiligkeit und Ausprobieren sind selbstverständlich geworden. Wechsel der Berufe, der Beziehungen und der Orte werden für sie leichter. Sie kennen beispielsweise kaum noch in der alten Dramatik das Heimweh, die alte Krankheit der Nesthocker. Ich weiß nicht, ob ich selbst ihre Flüge noch lernen kann. Aber ich kann zumindest lernen, dass es andere Lebensweisen gibt, als wir es gewohnt waren. Ich lerne, sie zu lassen – die Haupttugend, die wir Alten zu lernen haben. Gelegentlich aber rufe ich den Zugvögeln nach: Überall kann man nicht zu Hause sein. Verfliegt euch nicht ins Nirgendwo!

Meine Enkel lehren mich, mit den Unberechenbarkeiten des Lebens zu rechnen. Ich habe eine Enkeltochter. In Deutschland geboren, in Bolivien aufgewachsen, studiert sie in der Schweiz Theaterwissenschaft. Ich frage sie: Welchen Beruf strebst du damit an? Sie lächelt überlegen und hält dies für eine Frage aus alten Zeiten: Man studiert, ergreift einen Beruf, kann sich ausrechnen, wann man pensioniert wird und wie hoch die Pension ist. Das alles weiß sie nicht. Sie weiß auch nicht, ob sie bei diesem Studium je Arbeit findet. Diese Offenheit der beruflichen Zukunft kümmert sie wenig. Sie kann sich auch vorstellen, auf einer Schweizer Alb Käse zu machen, wenn sie sonst nichts findet. Gewiss, es ist ja nicht nur ihre Wahl, dass die jungen Menschen ihre berufliche Zukunft so wenig absehen können. Es ist ihr gesellschaftliches Schicksal. Aber was ich bewundere, ist, wie angstlos sie mit ihren größeren Lebensschicksalen umgehen.

Meine Enkel lehren mich, gesellschaftlichen Zwängen gegenüber freier zu sein. Eine Hauptfrage meiner alten Welt war: „Was sagen die Leute?“ Was sagen die Leute, wenn du nicht proper bekleidet bist; wenn du nicht den vorgeschriebenen sexuellen Regeln folgst; wenn du nicht denkst, lebst, liebst wie „man" denkt und lebt? In meiner alten Welt stand man immer vor dem Gericht der öffentlichen Meinung, die einem befahl, wer und wie man sein sollte. Diese Öffentlichkeit war nicht nur draußen. Man hatte sie lange verinnerlicht, sie versuchte, unser Gewissen zu ersetzen. Wir lebten in einer Schamkultur. Man schämte sich nicht nur vor sich selbst, man schämte sich vor allem vor der Öffentlichkeit, die einen sah und aburteilte. Das ist bei meinen Kindern anders, und man kann ihnen mit dem Satz „Was sagen die Leute" kaum noch kommen. Sie sind freier, vielleicht auch einsamer, weil sie kein anderes Forum mehr kennen als das eigene Gewissen. Kann ich selbst, kann meine Generation diese Freiheit noch lernen? Ich weiß es nicht. Die kulturellen Prägungen, die man in Jugend und Kindheit erfahren hat, sitzen tief. Die Art meiner Kinder lehrt mich, sie zu durchschauen. Man ist damit den alten Prägungen nicht mehr völlig ausgeliefert, aber das heißt noch nicht, dass man von ihnen befreit ist.

Christina Brudereck Gab es in Ihrem Leben eine Person, die viele Jahre älter war, der nächsten oder übernächsten Generation angehörte, auf die Sie gerne gehört haben? Und warum hatte diese Person das Recht, zu Ihnen zu sprechen und Ihnen etwas zu sagen?

Fulbert Steffensky Als junger Mann hatte ich viele Jahre eine Verbindung zu einem alten Priester. Mit ihm habe ich Gott und die Welt besprochen. Er war mein Lehrer, nicht nur weil er klug war, sondern weil ich ihm vertraut habe und ihn damit zu meinem Lehrer ernannt hatte. Ich war nicht unkritisch ihm gegenüber, aber er hatte bei mir immer einen Vorschuss an Zutrauen, und auf seine Worte und Ratschläge habe ich mit besonderem Ohr gehört. Ein Glück: einen Menschen zu kennen, dem man nicht zuerst mit abwägender Neutralität begegnet, sondern dem man Glauben schenkt. Christina, Sie sind fast anderthalb Generationen jünger als ich. Ihre Lehrer und Lehrerinnen in der Schule und an der Uni hatten sich eben erst freigestrampelt aus autoritärer Enge und kirchlichen Zwängen. Ich gehörte zu jener Sorte. Wir wussten, was wir nicht mehr wollten, und erprobten erst, was wir wollten und sollten. Kann es sein, dass wir euch allein gelassen haben, weil wir zu sehr mit unserer Vergangenheit beschäftigt waren? Dass wir euch die Steine der Analyse angeboten haben, nicht aber Brote, die ernähren?

Christina Brudereck Zuallererst empfinde ich eine große Dankbarkeit für die Befreiungsarbeit. Für das Lob des Zweifels, die Lust am Denken, die feministische Theologie, die Emanzipations-Bewegungen, die Frechheit gegenüber Institutionen, Dogmen, Tradition. Für die Kühnheit meiner Großmutter. Ich profitiere davon! Aber ja, wenn in der Theologie analysiert, geschieden, getrennt, getilgt, gelöscht wurde, hätte ich manches Mal gerne geflüstert: „Guck doch mal, was passiert, wenn niemand herrscht: weder der Text über dich, noch du über den Text!“ Wer ständig Angst hat, vergiftet zu werden, hört irgendwann noch auf zu essen. Manche Liberale hätt' ich gerne mal gefragt: „Habt ihr denn eigentlich keinen Hunger?“ Das Schönste war immer, wenn der leise Wunsch sich erfüllte und Lehrende und wir Schüler_innen gemeinsam erlebten: Unsere Erzählgemeinschaft füttert uns. Sie hat Brot für uns. Geteilt, macht es uns satt.

Sie hat sogar Leckereien. Da war dann niemand mehr alleine mit seinem Kämpfen und Arbeiten.
Lieber Fulbert Steffensky, woher kommt die Kraft, um durchzuhalten? Dranzubleiben? An den großen Themen – Gerechtigkeit, Friede, Freiheit. Trotz aller Rückschläge. Das ist meine Frage, mit der ich auch Biografien lese. Es ist faszinierend, Menschen wie Sie zu erleben, zum Beispiel beim Kirchentag. Wer, wie, was schenkt Ihnen diese Euphorie? Sicher sind Sie auch mal müde, aber Sie werben doch so unermüdlich. Analysieren eben keine Steine, sondern machen Appetit auf Brot und mehr.

Fulbert Steffensky Sie nennen die großen Themen – Gerechtigkeit, Frieden, Freiheit. Ich bin nicht euphorisch, nicht einmal sehr hoffnungsvoll, dass wir sie viel weiterbringen. Wenn die Hoffnung gering ist, so muss man eben tun und arbeiten, als könnten wir hoffen. Die Frage, ob man hoffen kann und alles seinen guten Ausgang findet, ist eher lähmend. Am besten, man vergisst sie und tut seinen geringen Teil. Man ist es nicht nur den Themen schuldig, sondern auch sich selbst. Wir müssen es ja nicht bis zum guten Ende bringen. Mit Humor den eigenen Niederlagen gegenüber singe ich das alte Lied aus den Bauernkriegen: Geschlagen ziehen wir nach Haus – unsere Enkel fechten's besser aus. Hoffentlich!

Christina Brudereck Generation Y, ich träume für euch, für uns gemeinsam und für unsere Urenkelkinder. Dass Ihr Lust habt, richtig schön erwachsen zu sein. Euch verantwortlich fühlt. Anpackt. Loslasst. Gerne älter werdet, Erfahrungen sammelt, euer Gewissen schult. Reif werdet. Dass ihr gerne mütterliche und väterliche Menschen seid. Bei al-

ler Jugendlichkeit. Bei aller kindlichen Experimentierfreudigkeit, die ich euch sehr wünsche. Dass ihr widersprecht! Nicht aus Prinzip, sondern aus Überzeugung. Dass ihr die Widersprüche aushaltet und die eigenen Grenzen, das wünsche ich euch sehr. Am meisten verändert hat mich in meinem Leben, was ich nicht verändern konnte. Dass ich trotzdem nicht zynisch geworden bin, ist für mich ein Geschenk. Ich habe es empfangen aus den faltigen Händen meiner Großmütter. Ihren widerständigen Geschichten, ihrem weisen Witz verdanke ich die Erfahrung der Gnade. Eine Kraft, die nicht nur rechnet, sondern nachsichtig ist. Gott hat uns Augen gegeben. Ich singe gerne für euch: „Guck hin, junges Auge, dass du siehst!“ Und Gott hat uns Augenlider gegeben. Wohl, um ab und zu die Augen zuzudrücken. Oder zu schlafen.
Ich träume, dass ihr weiterhin so schön die Verwobenheit achtet. Unterschiede feiert. Gemeinsamkeiten sucht. Willkommen lebt. Weiter als es uns bisher gelungen ist. Eure Neugier möge euch dabei beflügeln. Und möget ihr lachen über eure Ekelgrenzen. Ich träume, dass ihr eure kreative Freiheit nutzt, um Solidarität zu üben. Mit den Armgemachten und Armgehaltenen. Mit Grauwolf und Silberlachs, mit Heidelbeeren, Felsenahorn und Frauenmantel. Und mit uns, den Älteren und Alten. Dass ihr eine Moral entwickelt, die überzeugt. Tugenden, die nicht kalt fordern, sondern von innen her leuchten und einleuchten. Ich träume, dass ihr auch träumt. Dass ihr die Träume der Großen, die Visionen für Familie Mensch weitertragt. Vom Zusammenleben in Frieden. Vom Frühling. Vom Dialog. Von Versöhnung. Von einer Welt ohne Mauern. Vom Paradies und vom Gezi-Park. Die großen Erzählungen, die uns hinweisen auf das, was uns allen heilig sein könnte. Dass ihr die Mythen hütet.

Euch nicht verabschiedet aus den großen Erzählungen. Auch wenn sie nicht immer eurem Geschmack entsprechen. Ich erwarte von euch, dass ihr nicht nur die Oberfläche anguckt, den Chic, den Style, die Labels und Namen, sondern tiefer blickt. Ich selber habe einiges versäumt, weil ich mich von alten Overhead-Projektoren und schlechten Kopien ablenken ließ und dabei Frau Weisheit verpasst habe. Ich hoffe, dass ihr gut für euch sorgt. Dazu wünsche ich euch Zeiten ohne Handy. In einem Wald. An einen Baum gelehnt. In einer Kirche. In einer harten, alten, unbequemen Bank. Ich wünsche euch, dass ihr ein paar Gebete unserer Vorfahrinnen und Vorfahren auswendig lernt. Dass Ihr euch bergen könnt in unserer Erzählgemeinschaft. Dass ihr wirklich etwas findet, das sich bewährt hat und euch auch bewahren kann. Ich erwarte von euch, was ich auch von mir erwarte. Aber ihr habt noch mehr Zeit. Daher träume ich, dass ihr weiter träumt, als ich es wagte. Kühn. Unverschämt zuversichtlich. Genießt dabei fairen Latte Macchiato oder was ihr noch erfindet, um in dieser einen Welt durchzuhalten. Chuzpe & Shalom wünsche ich euch.

Fulbert Steffensky Was soll ich noch sagen, nachdem Christina ihre Wünsche für euch so leichtfüßig getanzt und ihr Wunderhorn von Hoffnung über euch ausgeschüttet hat! Ich poltere ihr mit einigen Wunschschritten nach. Ich wünsche euch, dass euch einer, eine oder etwas in den Weg tritt auf euren Wegen, nicht bösartig und nicht eure Möglichkeiten und Chancen beschränkend. Ich wünsche euch einen Widerstand, an dem ihr wachsen könnt, der euch aus Selbstherrlichkeit und eurer Einsamkeit befreit. Wer man ist, lernt man auch an den Widerständen, die einem zugemutet werden. Meine Generation musste sich ständig an etwas reiben, an überholten Ordnungen, an einer fragwürdigen Moral, an starren Traditionen. Wir wurden stärker in der Auseinandersetzung. Ihr habt Freiheit gewonnen, die ihr nie mehr verlieren sollt. Aber Freiheit wird oft bezahlt mit Einsamkeit. Wir gewinnen Gesicht und Gewissen, wir befreien uns aus unseren versiegelten Einsamkeiten, wenn wir auf die Einsprüche anderer Ideen, anderer Gesichter und fremder Gedanken stoßen. Jeder mit sich allein ist in den eigenen Selbsttäuschungen und Selbstüberredungen eingekerkert. So sagte es eine kluge Frau, Carolin Emcke: „Nur in der Auseinandersetzung mit anderen können wir den Faden der personalen Identität aufnehmen und flechten." So wünsche ich euch Menschen, die euch verstehen und euch nicht in Ruhe lassen; Bücher, die euch weiterhelfen und sich euch in den Weg stellen; Ideen, über die ihr stolpert und die euch das Tanzen lehren. Manchmal habe ich Angst, dass ihr euch nur selbst kennt und euch an euch selbst emporranken müsst. Das gelingt dem Geißblatt, Menschen leider nicht. Und der letzte Wunsch: Dass ihr euch nicht verhärtet in euren Niederlagen. Ihr habt sie und werdet sie haben. Auch ihr werdet eure guten Ideen nur halb durchsetzen können. Auch eure Ehen werden nicht paradiesisch sein und eure Kinder keine Wunderknaben und Engelstöchter. Auch ihr werdet krank und euch sterben Menschen. Es kommt keiner ungeschoren davon. Niederlagen können zynisch und bitter machen. Niederlagen, die durchstanden sind, können uns das Herz öffnen für alle Unterlegenen und Gepeinigten. Trösten kann nur, wer schon einmal geweint hat. So sagt es Thornton Wilder: „Im Dienst der Liebe sind nur die verwundeten Krieger tauglich." Das Allerletzte: Ich wünsche euch Humor – Humor mit euch selbst, wenn ihr gerade und krumme Wege geht. Humor mit den Menschen, die mit euch leben, die ihr liebt und die nerven. Und Humor mit Gott, der oft so schwer zu verstehen ist. Er muss ja auch ganze Säcke voll Humor mit uns haben.

Christina Brudereck

Gesegnet! Die nach uns kommen.
Segen für „Generation Y".
Weisheit.
Menschen, Orte, Lust, ein Weilchen zu verweilen.
Geschenke zum Verteilen.
Guten Wein.
Grüne Weiden.
Weihnachtswunder.
Herzensweite.

Neues Leben

1. Du hast mich erwählt bereits von Anfang an.
Jetzt hab ich dich gefunden und hab dich erkannt.
Ohne dass ich es verdient hab,
gibst du mir ein neues Fundament.

Du gibst mir ein neues Leben, aus Gnade allein
schenkst du mir ein neues Leben.
Unverdient bin ich ganz dein.
Nichts ist mehr, wie es einmal war,
du machst alles neu – du hast alles neu gemacht.

2. Ich höre jetzt auf, alles selbst zu tun.
Und leb aus deiner Kraft,
ich darf in dir ruh'n.
Ich ergreife alles, was du gibst.
Lebe in der Wahrheit, die du mir zusprichst.

Ich bin nicht mehr derselbe.
Mein altes Leben ist vorbei.
Ein neues hat begonnen.
Jesus, du hast mich befreit.
Ich bin nicht mehr derselbe.
Mein altes Leben ist vorbei.
Ein neues hat begonnen – in deiner Herrlichkeit.

Text: Lea & Bastian Rauschmaier
Musik: Bastian Rauschmaier

Resümee

„Generation Reformation"

Wir fragen sonst selten Leute, wie sie glauben, hoffen und lieben. Und wie sie dahin kommen. Warum eigentlich? Wir haben festgestellt, dass es sich lohnt. Und wurden überrascht. Wenn wir die Leute in unseren eigenen Gemeinden gefragt hätten, wären wir wohl ähnlich überrascht gewesen. Wir meinen, sie zu kennen. Und wissen oft gerade das nicht über sie. Kein Wunder: Über den Sinn des Lebens tauschen sich laut Kirchenmitgliedschaftsuntersuchung der EKD nur 23 Prozent der Christen in ihrer Gemeinde aus. Für die meisten bleibt das ein Heimspiel. Deshalb ist dieses Buch auch eine Ermutigung geworden zu fragen: Was glaubst du? Wem vertraust du? Worauf hoffst du? Wie bist du so weit gekommen? Wir zählen oft nur Gottesdienstbesucher und Mitgliedszahlen. Uns hat verblüfft, was hinter diesen Zahlen steckt. Die Leute haben Glauben. Eine ähnliche Erfahrung hat Christiane Miethge gemacht, die in einem Blog den Austausch mit Menschen über ihren Glauben gesucht hat. Obwohl sie sich nicht speziell an religiöse Menschen gewandt hatte, stellte sie in ihrem daraus entstandenen Buch „Mit ohne Gott?" fest: „Ich weiß gar nicht mehr, wie ich anfangs auf die Idee kam, die Frage ‚Woran glauben Sie?‘ sei zu intim. Eher im Gegenteil: überall Gesprächsbedarf – in der U-Bahn, im Café …“

Die Generation Y beschreibt ihren Glauben laut unserer Umfrage in aller Kürze etwa so: Gott ist in unserer Kindheit ein alter Mann für uns gewesen und auch unser Glaube hat einen Bart, unser Verhältnis zur Kirche ist mindestens ambivalent, durch Gebet pflegen wir die Beziehung, Gott rettet die Welt und bis es soweit ist, bleibt die Liebe die Größte. Hinter der Fassade der bröckelnden Mitgliedszahlen und geringen Verbundenheit findet sich lebendiger Glaube, der redet und liebt. Mit uns wird sich Kirche verändern, wie mit jeder anderen Generation davor. Darum fragen wir: Was kommt auf uns zu? Und andere beobachten uns und fragen sich: Was kommt mit denen auf uns zu? Wir werden Gestalter des größten Wandels kirchlicher Strukturen sein, seitdem die Kirche Volkskirche ist. Menschen verlassen die Kirche, mit ihnen sinken die Einnahmen und die Zahl der Mitarbeitenden, kleinere Räume sind nötig, Strukturen schrumpfen, Gemeinden werden zusammengelegt oder sogar geschlossen – ein Prozess ist im Gang, der in die Resignation führen kann und traurig macht … Die heutigen Verhältnisse in Ostdeutschland sind schon ein Preview auf die Kirche von morgen. Kirche sieht immer älter aus, weil die ganze Gesellschaft alt wird. Das merken wir. Kommen wir angesichts der Veränderungen, die nötig sind, zu den Themen, die uns wichtig sind? Vielleicht wird das unsere größte Herausforderung.

Aber gibt es das: Themen, die uns wichtig sind? So verschieden, wie die Porträtierten sind, fallen die Antworten aus. So verschieden, wie die Lebenswege laufen, stellen sich die Ziele dar. Wir haben trotzdem ein paar Themen ausgemacht, von denen wir denken, dass sie sich unserer Generation in besonderer

Weise stellen und die uns – und damit auch andere – mehr denn je herausfordern.

1. Eine Stimme in vielen Stimmlagen

Unser Bekenntnis wird immer ein vielfältiges sein. Für die einen hängt immer noch alles am Kreuz, für die anderen ist die Erzählung davon viel zu krass und alles daran überdeutet. Die einen begegnen Gott in der Schöpfung, die anderen schütteln den Kopf und suchen im Wort. Elena sucht Antworten in der Bibel und Thomas findet, dass man so etwas heute nicht mehr machen kann. Er findet Jesus historisch bedeutsam, Jonte dagegen spricht von ihm wie von einem engen Vertrauten, einem geliebten Menschen. Mit seiner Wohn- und Arbeitsgemeinschaft entwickelt Jonte eine Form christlichen Zusammenseins, die von herkömmlichen Gemeinden und vom Gottesdienst losgelöst ist, dagegen schwärmt Alina von der Alten Messe und der Bedeutung, die sie in sich trägt. Sie fragt kritisch nach einem guten Bibelverständnis, Ralf liegt aber mehr daran, die Bibel gut zu kennen …

Unser Glaube verändert sich. Es gibt Punkte, die können unsere Porträtierten so nicht mehr glauben – oder zumindest immer weniger. Jonte dachte früher: „Wenn ich die Leute nicht bekehre, dann kommen die alle in die Hölle." Und heute? „Ich kann jetzt einfach ich sein und trotzdem dafür brennen, dass die Leute Gott kennen lernen." Simon hat sich dazu durchgerungen, Gott nicht mehr auf die Bühne bringen zu müssen. Und Katharina glaubt nicht mehr, dass sie in ihrem behüteten Leben so viel Schuld auf sich geladen hat, als dass dafür ein Mensch hätte geopfert werden müssen. „Mit meiner kleinen Sünde will ich mich nicht so wichtig machen", sagt sie. Salama ist enttäuscht: Deutschland war in seiner Vorstellung paradiesisch. Dass es auch in unserem vom Christentum geprägten Land Kriminalität, Vorurteile und Gewalt gibt, verändert seinen Glauben. Elena musste von Träumen Abschied nehmen: „Gott ist halt kein Planerfüller." Für Stefanie ist Gott kein Unberührbarer mehr. Er ist ihr nahbar geworden.

Wir glauben, ein guter Anfang ist immer, sich gegenseitig zu fragen: Was glaubst du eigentlich? Stefanie Linner macht gute Erfahrungen damit zuzuhören, lieber noch einmal nachzufragen. Den anderen in seiner Haltung nicht zu werten, ist ein Geschenk an ihn. Er oder sie wird in seiner ganzen Persönlichkeit respektiert, seine Würde bekommt vollen Entfaltungsraum und es entsteht Augenhöhe, weil ein Austausch möglich ist. Der dänische Familientherapeut Jesper Juul hat das Wort „Gleichwürdigkeit" dafür erfunden. „Urteilt nicht", empfiehlt schon Jesus.

Wenn wir wissen, was wir glauben und wie vielfältig wir das tun, sehen wir die Unterschiede und gewöhnen uns vielleicht daran und fangen an, sie zu verstehen. Aber wir sehen auch – und das hat uns bei der Arbeit an diesem Buch so begeistert – die Gemeinsamkeiten, das, was uns verbindet. Wie werden wir uns in Zukunft gemeinsam als Christen äußern, wenn die alten Bekenntnisse an Relevanz verlieren, weil wir längst andere Schwerpunkte setzen als sie? Viele Generation-Y-Vertreter, die wir kennen, sind mindestens einmal in Taizé gewesen, ein Ort, der Konfessionen und Strömungen vereint. Katharina und auch einige Teilnehmende der Umfrage besuchen immer noch gerne Taizégebete. Dieser Ort hat für unsere Generation eine ungemein verbindende Kraft. Der Kirchentag ist eine Pilgerstätte, die ebenfalls viele Strömungen vereint, inzwischen sogar ökumenisch. Junge Erwachsene sind hier noch nicht gut vertreten. Aber wäre der Kirchentag mit seinen Kunstveranstaltungen und Konzerten nicht der ideale Treffpunkt für unsere Generation Festivalbesucher? Es liegt an uns selbst, uns solche Räume zu schaffen. Und es liegt an Kirche und Gemeinde, uns machen zu lassen.

Einige unserer Gesprächspartner und -partnerinnen haben Gemeinden in verschiedener Weise als eng erlebt: in ihren Formen oder in ihren Erwartungen, und waren zum Teil befremdet. Und auch die Kirchenmitgliedschaftsuntersuchung der EKD zeigte, dass fast die Hälfte aller Evangelischen meint, „dass feste Glaubensüberzeugungen intolerant machen". Wir finden es nicht selbstverständlich, dass sich unsere Umfrageteilnehmenden weiter mit ihrem Glauben beschäftigen und auch die Auseinandersetzung suchen. Infrage gestellt zu werden, ist für Gemeinden schwer auszuhalten. Der Ausschluss der Sünder und das Einigeln der Gerechten sind aber auch keine vielversprechenden, geschweige denn christliche Verhaltsweisen mit Zukunft. Ein beliebiges Bekenntnis und lauwarmes Glaubensleben ebenso wenig. Was also tun?

Wir halten die Vielstimmigkeit des Bekenntnisses für die einzige Chance. Unser ganzes Buch lebt von der Spannung, die die Unterschiede erzeugen, und der Freude, die die Gemeinsamkeiten wecken. Das kann so auch für Kirche und Gemeinde gelten. Es ist interessanter, jemandem zuzuhören, der nicht allzu Erwartbares von sich gibt.

Wir haben den Verdacht, dass das noch viel zu wenig passiert: dass Christen laut und deutlich von ihrem Glauben reden, welche Rolle er in ihrem Leben spielt und was er ihnen bedeutet (oder auch nicht). Und dabei reden wir nicht mehr nur von unserer Generation. Es braucht die Ermutigung, die eigene Meinung zu sagen und ein eigenes Glaubensbekenntnis zu formulieren. Menschen werden angeregt, darüber nachzudenken, sich darüber auszutauschen und weiter zu forschen. Und dann braucht es natürlich fitte Gemeinden, die an dieser Stelle gute Angebote für Sinnsucher und Fragensteller haben. Bei Taufen, im Konfirmandenunterricht, wenn Menschen Patenschaften übernehmen, im Gottesdienst – viel zu lange wurden alle gefragt, ob sie glauben, was die Kirche schon lange glaubt, und viel zu lange wurden alle dazu angehalten, die alten Worte mitzusprechen. Doch schon viel zu lange sagt die halbe Christenheit auch, dass sie das, was sie da mitspreche, so nicht mehr ganz glaube. Ist das unser Ernst? Nein, das ist unser Glaubwürdigkeitsproblem. Wir machen alles, wie es immer war, wir singen die alten Lieder, hören die alte Bibelübersetzung, sprechen das uralte Bekenntnis – aber wir meinen es nicht mehr. Jedenfalls nicht mehr genau so.

Es braucht den Mut, nebeneinander zu stehen, wertfrei zu bleiben, nicht zu richten und das nicht zu ächten, was mir nicht entspricht. Zuhören, irritiert sein, nachfragen, verstehen, widersprechen, eine eigene Meinung sagen, stolz sein auf die Vielfalt, vertrauen, dass Gott es mit seinem Geist schon richten wird – wäre das nicht schöne Zukunftsmusik? Es kommt nicht darauf an, was in unseren Augen richtig ist, es kommt darauf an, was Gott in uns sieht. Wir sind schon lange angehalten, einander nicht zu verurteilen. Also, machen wir ernst damit und respektieren die Vielfalt. Feiern den Glauben. Zelebrieren die gemeinsame Hoffnung.

Es braucht vielleicht auch den Mut zu einem neuen Bekenntnis, zu einer offenen Einladung: Du mit deiner Hoffnung, mit deinen Wurzeln und deinen Flügeln, du mit deinem Mut bist Teil der Geschichte von Jesus. Gestalte sie mit.

2. Beteiligungskultur

Was die Generation Y über die Kirche zu sagen hat und unter anderem in unserer Umfrage gesagt hat, zerrt aus allen Richtungen an dieser Institution: Sie stehe zu wenig für den Glauben. Sie bediene nur Machtinteressen (und zwar der Männer). Sie sei völlig veraltet, praktisch schon tot. Sie habe eine unsägliche Geschichte – und wenn ihr das immer noch vorgehalten wird, wahrscheinlich auch eine ungenügende Aufarbeitung. Entweder wachsen Menschen mit Kirche auf, dann kann sie sogar Zuhause sein. Oder sie finden nie einen Zugang zur Sprache, Kultur, Musik, dem überkommenen Ritus, ärgern sich aber über den Habitus, mit dem Kirche einen Stellenwert verlangt, der ihr in ihren Augen völlig abgeht. Die große Kirchenflucht setzte in den Siebzigern ein. Die Generation Y müsste wie ihre Großeltern werden, um sich dort wohlzufühlen, denn eine große Kirchenreform, eine Kirchenverjüngung begann schon damals nicht. Belassen wir den Zustand schon viel zu lange so, wie er ist?

Uns eilt der Ruf voraus, weniger autoritätshörig zu sein, mehr mitbestimmen zu wollen, das Gespräch auf Augenhöhe der Hierarchie vorzuziehen und dennoch ziemlich fleißig und ambitioniert zu sein. Chancenalarm!!!

Doch in christlichen Gemeinden sind die Strukturen der Beteiligung oft sehr langfristig angelegt: Gemeinderäte werden auf viele Jahre gewählt, Arbeitskreise übernehmen alle Aufgaben außerhalb der Gemeindejugend selbst. Manche von uns wollen wenigstens das Gefühl haben, dass hier nicht über uns hinweg entschieden wird, vor allem, wenn es um so wichtige Dinge wie Parkplätze, Kaffee, Kinderecken und moderne Musik im Gottesdienst geht. Die jungen Christen, die sich in der dran-Studie von 2009 besonders positiv über ihre Gemeinden geäußert haben, konnten auch sagen, dass sie sich ernst genommen fühlen und einbringen können. Und dabei ist es egal, ob im Gottesdienst zur Beteiligung aufgerufen wird, relevante Gemeindeversammlungen stattfinden oder einfach nur nebenbei mal nach einer Meinung gefragt wird. Wir sind vielleicht nicht regelmäßig da, aber wir nehmen genau war, ob es tatsächlich eine funktionierende Gemeindedemokratie gibt und nicht nur eine Deckung für den eigentlichen Chef: Pastor, Priester oder Predigerin.

Diese Personengruppe kommt in Umfrage und Porträts erstaunlich wenig vor. Familie, Freunde, Kommilitonen sind die hilfreichsten Menschen, wenn es um unseren Glauben geht. Jonte möchte nicht pastoral wirken, Alina setzte sich mit dem Priester ihrer Herkunftsgemeinde kritisch auseinander. Die Studie „Wie finden Erwachsene zum Glauben?“ des Instituts zur Erforschung von Evangelisation und Gemeindeentwicklung kommt zu ähnlichen Ergebnissen. Vor allem zählte für unsere Gesprächspartner und -partnerinnen, ob sie sich wohlfühlen in einer Gemeinde, ob ihnen der Gottesdienst etwas gibt und entspricht und ob sie authentisch finden, was sie erleben. Ohne eine gute Beteiligungskultur ist nichts davon zu haben.

Bezeichnend finden wir, dass zwei unserer Porträtierten – Ralf und Jonte – einen eigenen Verein haben, den sie nach ihren Vorstellungen mitgestalten können. Es scheint leichter, etwas Eigenes anzufangen, als Bestehendes zu verändern. Beide wirkten damit sehr zufrieden. Die anderen wechseln Gemeinden, sogar Konfessionen, und bleiben auf der Suche. Sie sind zum Teil mehr Publikum als Gestalter. Große Verbundenheit und Engagement werden erst möglich sein, wenn sie sich irgendwo angekommen fühlen.

Mut macht, dass Thomas nach seiner durchaus kritischen Erfahrung in der Gemeinde nicht die Gemeinde gewechselt hat. Hier hat sich die Gemeinde auf eine Diskussion eingelassen. Und auch wenn Thomas mit dem Ergebnis nicht zufrieden war, hat es offensichtlich der Beziehung geholfen, über den Konflikt zu reden.

Wir sind auf der Reise zu unserem Buch nämlich auch jungen Menschen begegnet, die sich nicht mehr als Christen sehen, weil sie sich mit christlichen Gemeinden nicht identifizieren können und nicht etwa, weil sie nicht mehr glauben würden. Das zerreißt uns das Herz. Erstarrte Strukturen, Unbeweglichkeit, Verurteilungen – das waren die Dinge, die abschreckten. Man möchte den Gemeinden zurufen: Lüftet die Strukturen, bleibt beweglich und – wieder – urteilt nicht.

Manchmal ist auch einfach die Schwelle zu hoch, über die man kommen muss, wenn man zur Gemeinde gehören will. Es gibt fast in jeder Gemeinde einen Kern, der das Gemeindeleben hauptsächlich trägt und wir gehören in den traditionellen Gemeinden sicher selten dazu. Vielleicht fühlt es sich manchmal so an, als wären wir nie da. Aber wenn die „Wie-auch-immer-Dazugehörenden" willkommen sind und wertgeschätzt und ihr Dazugehören eine gute Rolle spielt in der Gemeinschaft, gewinnen alle.

Stefanie Linner wünscht sich, „dass wir uns als Menschen verstehen lernen. Wir kommen oft aus so einer Fertigkeit, einer Haltung, die schon alles verstanden zu haben glaubt. Wir können lernen, das gemeinsame Ja Gottes zum Menschsein wieder zu finden und prüfen: Was erwarten wir eigentlich voneinander? Wo sind wir ungnädig? Begegnen wir uns freundlich! Das betrifft jeden Lebensbereich, jeden Menschen als Gottes Abbild zu sehen, das Kostbare zu entdecken."

Die Menschen in diesem Buch sind Kirche. Sie sind – biblisch gesprochen – der Leib Christi. Zumindest ein Teil davon. Glieder eines Ganzen. Allesamt. Ohne sie geht es nicht. Sie mögen mit so manchen Ansichten, Aussagen und mit ihrer Art anstößig sein, herausfordernd und vielleicht liegen sie sogar falsch. Aber was soll's? Sie sind Kirche.

3. Farbenfrohe Lebensläufe

Wir waren im Ausland, wir haben unser Studium abgebrochen, wir sind umgezogen, wir haben ein Patenkind in Asien, wir pflegen via Internet Kontakte zu Austauschschülern und Au-pair-Familien, wir sind noch mal umgezogen, wir sprechen Englisch in unseren Berufen und schauen uns amerikanische Serien im Original an, wir haben die Gemeinde gewechselt, wir haben eine Beziehung beendet, sind wieder umgezogen, wir kommen zu selten „nach Hause" (wo ist das eigentlich?), wir bekommen schließlich doch noch Kinder, wir suchen einen neuen Arbeitgeber und nebenberuflich haben wir unser Hobby zu Geld gemacht. Unsere Lebensläufe sind so vielfältig, dass wir sie für jede Bewerbung anders zusammenkürzen. Was für die eine Bewerbung wichtig war, spielt für die neue Stelle keine Rolle mehr. Die Geschichten, die wir zu erzählen haben, sind nie langweilig, aber vielleicht schon etwas langatmig, weil man in der Fülle der Möglichkeiten, die wir wahrgenommen haben, den Überblick verlieren kann.

Gründe für Gemeindewechsel gibt es in unserem Alter viele. Manchmal haben sie etwas mit unserem Verhältnis zur Gemeinde zu tun, mit unserer Entwicklung wie bei Elena oder Thomas. Gemeinden sind für uns vorläufig noch Lebensabschnittsgefährten. Beide Seiten können davon profitieren. Mit dem, was wir in die Gemeinden einbringen können, kann etwas Neues entstehen mit neuen Impulsen und neuen Besuchern. Es kann sein, dass es nicht bestehen bleibt, wenn wir wieder gehen. Aber ist es deswegen weniger wert? Elena wird ihre Gemeinde mit ihrer Musik begleiten, solange sie zu ihr gehört, und das wird wertvoll für die Gemeinde sein. Ralf wird in jeder Gemeinde, die er besucht, mit seiner Ernsthaftigkeit, Bibelkenntnis und seinem Engagement Impulse setzen und die werden weiter zum Nachdenken anregen, auch wenn er wieder geht. Katharina wird jeden, der mit ihr über Glauben spricht, grundsätzlich ins Fragen bringen und wenn das Gespräch vorbei ist, wird man immer noch denken: „So habe ich das noch gar nicht gesehen." Alina wird immer gute Argumente hören wollen und sich nicht mit einfachen Antworten zufriedengeben. Was für ein nachhaltiger Impuls! Stefanies Haltung, anderen zuzuhören, prägt wahrscheinlich die Kultur einer Gemeinde mehr als vieles andere.

Farbenfrohe Erfahrungen bedeuten farbenfrohe Impulse. Gemeinden profitieren davon, offen für neue Projekte und Veränderung zu sein. Das ist eine Beobachtung, die Robert Warren in wachsenden Gemeinden in England gemacht hat und in seinem Buch „Vitale Gemeinde" neben sechs weiteren Merkmalen darstellt. Wer hier ein großzügiges Laissez-faire walten lässt, riskiert, dass manches sich nicht bewährt, Gegenwind erntet oder nicht lange Bestand hat, aber er riskiert auch ein Mehr an Lebendigkeit, Vielfalt, weitere Ideen, neue Kontakte und gute Laune. Es ist herausfordernd, wenn junge Leute in die Gemeinde kommen und gleichzeitig ihre Ideen auspacken. Es kann brüskierend sein und infrage stellen. Vielleicht treffen wir nicht immer den richtigen Ton. Ist es wirklich verlockender, dass alles so bleibt, wie es ist?

Kann institutionalisierte Kirche nur mit den Bodenständigen? Wohin mit denen, die unterwegs sind? Sie müssen sich allein zurechtfinden zwischen Althergebrachtem und Zukunftsweisendem. Da sind keine Pilgerstätten, da ist kaum Platz für die Generation Y. In zu vielen Städten haben wir keine Wahl, weil es in vielen Gemeinden dasselbe Gottesdienstformat gibt. Wem das nicht gefällt, der ist raus. Wir gehen da schon immer mal noch hin – Weihnachten und Ostern stehen nicht nur in unserer Umfrage hoch im Kurs. Aber gehören wir dazu? Am schönsten finden wie die Stille in der Kirche.

An unserer Lebenssituation ändert sich erst mit der Zeit etwas und vielleicht kommen wir dann wieder zurück in die Kirchen und Gemeinden. Wenn sie ihre Kinder später taufen lassen wollen, kommen sie zurück, hoffen manche. Wenn aber Menschen unterwegs sind, mit Gott und auf Gott zu, warum sollten sie dann irgendwohin zurückkommen? Die Frage ist vielmehr: Was liegt vor ihnen? Es geht nicht darum, dass es wird wie früher, sondern dass es vorangeht, ins Neue. Sie sind Kirche. Und es wird so sein, dass unsere Generation sie verändern wird, wie jede andere Generation auch.

Wir finden das begrüßenswert. Eine gute Willkommens- und Abschiedskultur hilft beiden Seiten – den Gemeinden und den Kommenden und Gehenden. Es wäre so schön, wenn Kirche sagen könnte: „Herzlich willkommen, junger Christ und junge Christin! Wie oft du auch kommen wirst und wie lange du bleibst – es ist schön, dass du hier bist. Tausendmal besser jedenfalls, als wärst du nicht hier. Wo kommst du her? Was hast du gemacht in deinem Leben? Was hast du jetzt vor? Wie können wir dich begleiten?“ Der Jeden-Sonntag-Kerngemeinde hilft eine Kultur, in der die Einmal-im-Monat-bis-einmal-im-Jahr-Fruchtfleischgemeinde gern gesehen und willkommen ist, eine wichtige Rolle spielt und mitgestalten kann – wir sind eins. Das Kommen und Gehen ist leichter zu ertragen, wenn es dazugehört und es Formen gibt für Willkommen und Abschied. Im Idealfall begleiten Gemeinden unsere Buntheit, bieten Raum zum Atemholen, laden ein, etwas mal nur für uns zu tun, lassen sich inspirieren von unseren Ideen und machen Mut, sie umzusetzen, sind gelassen, wenn etwas scheitert und feiern jedes Gelingen mit. Vielleicht erwarten wir in Zukunft nicht mehr selbstverständlich, dass neue Leute in unserer Gemeinde – egal aus welcher Generation – unser eingespieltes Programm mit konsumieren. Vielleicht sind wir in Zukunft gleich gespannt, welche Lieder, neue Gottesdienstideen, Projekte, Freunde sie mit in unsere Gemeinde bringen.

4. Vorsicht mit der Moral

Wir waren erschrocken, wie viele unserer Porträtierten genau darüber gestolpert sind. Selbst Elena wechselte ihre Gemeinde, weil sie den Eindruck hatte, dass die Regeln in ihrer alten Gemeinde vom Eigentlichen ablenkten. Wir hatten weder in unserer Umfrage noch in den Interviews einen Schwerpunkt auf die Frage gelegt, was wir uns in Sachen Moral von Kirche und Gemeinde vorstellen. Unsere Porträtierten maßten sich alle in diesen Fragen kein letztes Urteil an und wollten vor allem nicht riskieren, Menschen nicht respektvoll genug entgegenzutreten. Wir müssen auf andere Studien zurückgreifen, um zu dem Thema etwas mehr sagen zu können.

Grundsätzlich: Die meisten von uns teilen hohe Idealvorstellungen von Beziehung, Treue, Ehrlichkeit. Das zeigen die Jugendstudien seit vielen Jahren und auch die große Vermächtnisstudie der ZEIT aus dem Jahr 2015 sieht hier eher die Nähe zwischen den Generationen als den großen Unterschied. Davon gehen wir erstmal aus. Keiner unserer Porträtierten ließ sich das alles egal sein. Aber die wenigsten von uns warten mit dem Sex, bis sie geheiratet haben, haben im Laufe ihres Lebens mit nur einem einzigen Menschen Sex oder bekommen ihre Kinder alle innerhalb einer Ehe. Wir sind nicht die erste Generation, in der das Realität ist, und wir sind noch nicht mal die erste Generation, in der man sich gesellschaftlich dafür nicht mehr zu schämen braucht. Aber wir sind vielleicht die erste Generation, in der die Moralvorstellung der christlichen Binnenwelt und die Gelassenheit der Gesellschaft so weit auseinanderdriften. Wenn wir von unseren Beziehungsbiografien erzählen, dann fallen wir womöglich am allerschnellsten als Christen auf. One-Night-Stand? Es ist zwar immer noch eher eine Minderheit in der Gesellschaft, die sich darauf einlässt, aber kritisch beäugen lassen muss sie sich dafür kaum. Austausch über Erfahrungen beim Sex? Ist kein Standard an den Mittagstischen, aber selbstverständlicher als unter Christen. Beziehungen zwischen gleichen Geschlechtern? Großer Stress im christlichen Moraldiskurs, aber für die Mehrheit der Bevölkerung längst klar: Lasst sie doch heiraten.

Wir haben nichts gegen eine gute Moral, wir hängen sie hoch. Wir achten sie und messen uns an ihr. Aber was ist eine gute Moral? Dass der Schein stimmt? Dass Regeln eingehalten werden? Dass einem Anspruch genüge geleistet wird? Wir haben teilweise unseren Eltern dabei zugesehen, wie sie sich an einer überkommenen Moral abgearbeitet und viel Leid in Kauf genommen haben, um den Schein aufrechtzuerhalten. Das kommt für uns nicht mehr infrage. Das Leben fordert uns genug heraus. Die Themen auf den Titelseiten der großen Magazine für junge Erwachsene zeigen, dass wir immer noch wissen wollen: Wie gehen gute Beziehungen? Worauf kommt es wirklich an? Wie entsteht Vertrauen? Wie wächst Liebe? Wie gelingt Treue? Was hält Beziehungen lebendig? Wie gehen wir gut mit Konflikten um? Das sind die großen Fragen. Und darauf haben wir Christen bessere Antworten als das bloße Anforderungspaket, das an – auch noch intimen – Äußerlichkeiten kleben bleibt. Die Geschichten der Bibel erzählen vom Mut, auf die Liebe zu setzen, vom Vertrauen, vom Scheitern und davon, Scheitern zu wagen, weil es längst versöhnt ist. Das ist der Knackpunkt. Jesus gibt alles für unsere guten Beziehungen. Für die Liebe zu Gott, unseren Nächsten und uns selbst. Das ist relevant und lange nicht zu Ende erzählt. Das trifft uns in der Familiengründungsphase mitten ins Herz. Die Kinder zu würdigen, sie womöglich als Vorbild zu sehen, wie Jesus es tut, das ist eine Herausforderung in einer Gesellschaft, in der immer noch eine Gehorsamskultur nachklingt. Familie, Freunde, Freizeit und Beruf sind unserer gesamten Generation laut Religionsmonitor doppelt so wichtig wie unsere Religion. Wir haben also persönliche Themen, die uns brennend interessieren.

Gemeinden bieten einen Schatz, weil sie den Austausch zwischen den Generationen ermöglichen, wir von Erfahrungen profitieren können und der Glaube einen schützenden Rahmen bietet, in dem eben Scheitern möglich ist. Während wir sonst Familie und Beruf vereinbaren, unsere Wohnungen vorzeigbar halten und wenn möglich schicke Klamotten tragen, könnte Gemeinde der Ort sein, an dem unsere Grenzen, unsere Erschöpfung, unsere Überforderung mehr als okay sind, wo sie vielleicht sogar heilen. Und wo unsere Freude, unser Erfolg, unsere guten Beziehungen – egal in welcher Form – gefeiert werden.

Und neben den Beziehungsfragen und unserem eigenen Leben beschäftigen uns mehr und mehr globale Fragen. Und auch das ist ein Spielfeld für Kirche und Gemeinde. Jonte wünscht sich eine „Kirche, die aus sich rauskommt und eintritt für Hoffnung und Gerechtigkeit, die eine Kontrastgesellschaft sein darf und Perspektiven schenkt. Dass Angst nicht dein Ratgeber ist, sondern Liebe und Hoffnung. Wenn der Friede Gottes sichtbar wird, muss das von unten nach oben wachsen, muss eine Herzenshaltung sein, kein Paragraf."

5. Ambivalente Erwartungen

Die, die der Kirche oder ihrer Gemeinde sehr verbunden sind (laut Kirchenmitgliedschaftsuntersuchung der EKD immerhin 37 Prozent der Christen unserer Generation), sind oft mit ihr aufgewachsen, mit ihren Formen vertraut und sehnen keine Veränderung herbei. Das ist das, was wir in den Ergebnissen unserer Umfrage lesen. Da klingt eine enorme Zufriedenheit mit dem Sonntagsgottesdienst, dem Kirchenjahr, dem traditionellen Bekenntnis mit. Da stören nicht mal die altmodischen Spitzendeckchen auf dem Altar, bis sie wieder retro sind. Für sie ist Kirche und Gemeinde „Zuhause". Ähnlich hat das die dran-Studie 19+ ergeben, die sich mit den Christen unserer Generation und ihren Gemeinden befasste. Die jungen Erwachsenen waren überraschend zufrieden mit ihren Gemeinden und betrachteten sie als ihr geistliches Zuhause. Sie fühlten sich ernst genommen und schätzten die Atmosphäre. Wobei sie deutlich zufriedener mit der theologischen Ausrichtung ihrer Gemeinden als mit deren Angeboten waren. Aber: Es darf also bitte auch etwas so bleiben wie es ist. Kirche und Gemeinde soll sich nicht neu erfinden, verstellen oder anbiedern. Manche von uns fühlen sich so wohl, dass sie richtig begeistert sind. Wie schön! In allem, was sich verändern wird, braucht Kirche sich nicht zu verstecken, sie muss erkennbar bleiben. Schöne alte Kirchenorte lohnt es zu erhalten und mit Leben zu füllen, weil sie vertraute Gefühle wecken. Schöne alte Gottesdienstformen zu feiern, dass die Jahrhunderte in ihnen ihre volle Faszination entfalten, ist auch eine Investition in die Zukunft. Hochzeiten, Beerdigungen, Taufen dürfen uns erinnern an christliche Gemeinschaft und ihre Formen, so wie sie vom Anfang unseres Lebens an dazugehört haben. Die, die gerade im Gehen begriffen sind, müssen wir gehen lassen. Über zehn Prozent der Kirchenmitglieder in unserem Alltag fassen laut Kirchenmitgliedschaftsuntersuchung den Austritt ins Auge. Das ist in all dem kirchlichen Abbruch vielleicht am schwersten zu ertragen: dass Freunde gehen und nicht mehr glauben. Dann rührt sich auch Bitterkeit gegenüber mancher kirchlichen Enge, die sich nicht löst, gegenüber der Trägheit des kirchlichen und gemeindlichen Aufbruchs, gegenüber der scheinbaren Selbstzufriedenheit und Selbstgenügsamkeit, die wir manchmal erleben. In unserer Umfrage richteten sich ein paar bittere Bemerkungen gegen die Institution Kirche. Wir Hinterbliebenen haben die Chance, gemeinsam zu trauern. Den Schmerz ernst zu nehmen und ihn klar zu benennen. Sinkende Mitgliederzahlen sind für die Zukunft aller Kirchen eine erschreckende Aussicht. Für uns persönlich ist jede und jeder, der geht, ein schrecklicher Verlust. Und wenn wir getrauert haben, wird die Bitterkeit vielleicht zu einer guten Energie, zu Wut, zu Lust, zu Mut, zu Tatendrang. Vielleicht fällt es dann wieder leichter, das zu lieben, was ist, und zu gestalten, was sein könnte. Wir sind jedenfalls mit dem Verlassensein nicht allein.

Wir sehen Kirchen und Gemeinden mit ganz unterschiedlichen Erwartungen konfrontiert, die zum Teil auch in Spannung zueinander stehen. Wie eben die Tatsache, dass nicht Wenige von uns ganz zufrieden wirken mit dem, was ist. Für andere wiederum müsste sich einiges ändern. Und dann sind da noch die, die Kirche und Gemeinde wie einen Dienstleister abrufen für Taufe, Weihnachten, Trauung und Beerdigung. Die Tauf- und Trauzahlen in unseren Jahrgängen liegen höher als die Gottesdienstbesucherzahlen. Zum Heiraten gehen wir immer noch in die Kirche. Da erwarten wir professionellen Service von Pfarrer, Priester oder Predigerin höchstpersönlich und nehmen für selbstverständlich, dass das nichts kostet, solange wir Kirchensteuerzahler sind.

Glaube, Christentum und Kirche bedeuten uns etwas. Wir hätten nicht vermutet, wie eindeutig diesbezüglich die Antworten auf unsere Umfrage sind. Wie die Elternhäuser, die wir verlassen haben, haben sie uns geprägt, mit dem Wichtigsten versorgt, Halt und Unterstützung geboten, und wenn es gut lief, sogar gezeigt, was Liebe heißt und wie sehr wir geliebt sind. Jetzt sind wir auf unserem eigenen Weg, finden unseren eigenen Umgang mit unserem Glauben, unseren eigenen Alltag und unsere eigene Art, die Gesellschaft anderer Christen zu suchen. Manchmal packt uns die Sehnsucht und es zieht uns zurück in den Heimathafen. Und dann ist es gut, dass Kirche und Gemeinde sind wie sie sind, wiedererkennbar bis in die Umgangsformen hinein, über den ganzen Erdball verstreut, in allen Sprachen immer irgendwie vertraut. So hat Salama in diesem ihm fremden Land etwas Vertrautes gefunden. Kirche ist eine Burg, die wir verlassen haben, weil wir vor dem Leben nicht beschützt werden wollten, aber deren Existenz uns Halt gibt, deren Mauern stützen – oder auch nur das Wissen, dass es sie gibt. Wie wir und ob wir gemeinsam etwas Neues schaffen werden, womöglich auch Räume, in die Christinnen und Christen zurückkommen, das wird sich zeigen.

Was bleibt offen?

Wie werden wir in Zukunft unseren Glauben ausdrücken? Können wir artikulieren, was ihn so besonders macht, finden wir eigene Worte dafür und wissen wir, warum unser Glaube absolut relevant ist? Wenn die Mehrheit der Menschen um uns herum Glaube für das Gegenteil von Wissen und Wissenschaft hält, Religion für ein aussterbendes Relikt aus voraufklärerischen Zeiten und die Bibel für ein veraltetes Buch, bringen wir es dann fertig, die Geschichte von Jesus noch einmal zu erzählen, wieder neu, weil sie uns betrifft, betroffen macht und alles ändert? Ausgerechnet Jesus, den sie für eine Erfindung halten, obwohl sie nach dem Christus ihr Abendland benennen?

Überhaupt Jesus. An wen denken wir, wenn wir nach unserem Glauben gefragt werden? Gott und die Liebe bekommen bei Weitem die häufigsten Nennungen, wenn es um unseren Glauben geht oder um die Rettung der Welt. Die Kirche regt uns wenigstens auf. Aber Jesus? Nicht nur, dass er für unseren Religionsstifter recht selten genannt wird. In unseren Erzählungen vom Glauben spielt er kaum eine Rolle – meist mussten wir unsere Porträtierten erst nach ihm fragen, damit sie von ihm erzählten. Er bleibt seltsam blass und in Titeln wie Retter oder Erlöser verhaftet, manchmal wird er immerhin als Vorbild genannt. Der Mann, der Himmel und Erde auf den Kopf gestellt hat, der für immer versöhnt, mit dem die Zukunft anfängt, der die Werte dieser Welt durchrüttelt, durch seinen Geist dauerpräsent ist und mit Kreuz und Auferstehung die Gegengeschichte zu den scheinbaren Unausweichlichkeiten dieser Welt erzählt, der überhaupt erst möglich macht, was Liebe ist – ausgerechnet er bleibt eine Nebenfigur unserer Glaubenserzählung. Schock! Hier bleiben für uns die meisten Fragezeichen stehen.

Offen bleibt auch: Wie werden wir Beziehungen unter Christen pflegen? Welche Formen werden wir übernehmen, welche werden gehen, welche kommen neu? Hauskreise, Kirchentag, Taizé-Gottesdienste, Worship, 24/7-Prayer ... Die Teilnehmenden unserer Umfrage gehen mehr oder weniger regelmäßig in den Gottesdienst, schätzen Ostern und Weihnachten und verschiedene andere klassische Formen. Aber mindestens einer stellt auch fest, dass das christliche Leben da eigentlich nicht stattfindet. Und christliche Gemeinschaft? Wie werden wir uns in Zukunft kennenlernen, treffen, über unseren Glauben austauschen, gemeinsam Gott feiern, beten, Brot und Wein teilen? Gibt es nach den Wohnzimmerkonzerten eine Welle von Wohnzimmergottesdiensten, kommt der christliche Glaube zurück nach Hause, wie es schon bei den ersten Christen war?

Und wie werden wir Glauben und Leben verbinden? Während die einen Christen in der Vergangenheit Wert darauf gelegt haben, moralisch korrekte Lebensläufe vorweisen zu können, haben die anderen die Bewahrung der Schöpfung proklamiert. So sah es für uns jedenfalls gelegentlich aus. Ist es in unserer Generation wirklich so, dass das keine Alternativen mehr sind? Christen seien Peace-People, proklamiert Salama. Und so wie Europa gerade Zuflucht ist für die, die Frieden suchen, so hoffen wir, dass er recht hat.

Also, liebe Generation Reformation: Pack es an! Worauf hast du Lust? Wie soll dein Glaube aussehen? Was soll sich ganz dringend verändern? Schaffen wir uns die Orte, an denen unser Glauben aussieht, als wäre er genauso alt wie wir. Wo er mit Rhythmen und Songtexten daherkommt, die wir gerne hören. Wo er mit Themen verbunden ist, die uns brennend interessieren. Wo wir wie in unserer Freizeit, wie zu Hause, gechillt zusammensitzen und feiern können. Wo Brot und Wein die Mitte sind und uns erinnern, wo unsere Hoffnung herkommt und wie sehr sie unseren Alltag bestimmt. Wo Gespräch und guter Kaffee so selbstverständlich sind wie das Gebrabbel der Kinder und die Lebensweisheit der Alten. Und vielleicht fangen wir damit an, dass wir uns gegenseitig fragen: Worauf setzt du deine Hoffnung? Was ist deine Sehnsucht? Was beflügelt dich? Wie verantwortest du dein Leben? Was glaubst, worauf hoffst und wen liebst du?

Wir glauben

In den Umfragen, den Porträts, den Selbstdarstellungen der Netzwerke haben wir so viel Glauben gelesen und gehört. Wir sind bewegt davon. Und wir haben Sehnsucht nach mehr Glauben erlebt: Stefanie Linner wünscht sich, „immer tiefer in die Beziehung mit Gott hineinzuwachsen. Manchmal verzweifelt man an den Fragen. Ich will seine Schönheit und Heiligkeit so erfüllt sehen, dass ich daraus Hoffnung schöpfe, dass Gott da ist. Sonst könnte ich an den Umständen verzweifeln." Und Elena hofft, dass sie „im Glauben bleibt, anderen Segen ist" – in der Schule, Gemeinde, Ehe oder wo immer sie hinkommt. Sie wünscht sich eine engere Beziehung zu Gott, das wünscht sie eigentlich allen. Wir, Hannes und Stephanie, haben versucht, unseren Glauben in unserer Sprache zu artikulieren.

Ich glaube, es ist Liebe, die uns lebt.
Unsere Seele hat ihr Zuhause in der Liebe, sie kommt von dort, sehnt sich nach ihr und geht wieder zu ihr. Sie weiß etwas von Ewigkeit, Hingabe und Kreativität.

Liebe schafft uns erst, gibt sich selbstlos und wirbt ständig um uns.
Liebe verausgabt sich in Farben und Blumen, skurrilen Tieren, grazilen Plasmen, komplexen Details, steilen Gedanken, Beziehungsnetzen, Düften und Geschmack und Stil und Form und Gefühl. Ich nenne Gott die Liebe.

Ich glaube, wir sind gemacht, um frei zu leben.
Unser Kopf soll denken, unsere Stimme soll sich äußern, unserem Gefühl können wir trauen, unser Lachen soll anstecken, unsere Tränen sollen Trost finden, unser Brot ist Arbeit, aber unsere Arbeit keine Sklaverei, unser Land bietet Wohnraum, aber die Erdkugel hat keinen Rand – niemandem gehört die Erde und niemandem gehört ein Land, ein Geburtsort prägt ein Denken, aber nicht ein Sein. Ich glaube, davon erzählt das Leben und der Tod und das Leben von Jesus Christus.

Ich glaube, es ist Frieden, den wir alle suchen und den wir finden können.
Wir sehnen uns nach Rhythmus in unseren Tagen, nach Pause, Wochenende, Festen und Feiertagen – den bunten Unterbrechungen, die durch den Alltag schön werden. Wir wollen unser Leben nicht bedroht sehen, keine Angst schüren und niemanden gefährden. Darum nennen wir leider auch den Krieg ein Mittel zum Frieden. Ich glaube, es ist göttliche Geistkraft, die uns antreibt, Versöhnungskraft, die uns irritiert, Mut zum anderen, Mut zum Frieden.

Ich glaube, wir sind Familie, Familie Mensch.
Wir sind vernetzt, analog noch mehr als digital. Brot und Nudeln und Kaffee und Äpfel und Blumen und Soße und T-Shirts verdanken wir unseren Geschwistern um die Ecke und in aller

Welt. Nachrichten erzählen nicht über andere, sondern voneinander. Blogs sind Briefe an uns. Keiner ist heilig und alle sind geheiligt, Würde ist zugesprochen von Gott, der Liebe, die alles lebt. Alle neigen wir dazu, uns selbst, einander oder unsere Wurzeln in der Liebe zu vergessen. Dann schauen wir auf uns und sehen uns selbst nicht mehr. Das ist die Tragik unseres Lebens, die uns immer wieder schuldig werden lässt an anderen, uns und der Liebe. Man nannte das einst Sünde.

Ich glaube, dass Gott uns ins Leben ruft, ins Leben liebt und alles dafür getan hat, dass wir lieben, hoffen, vertrauen, dass wir vergeben, segnen, umarmen und dass wir in Frieden leben können. Jetzt und immer.

Mein eigenes Leben, im Scheitern und Gelingen, im Schaurigen und Schönen, erzählt davon.

Stephanie Schwenkenbecher

Ich glaube ziemlich diffus.
Irgendwas zwischen Vertrauen, Gehaltensein,
Aufbäumen, Niederknien,
zur Quelle und an Abgründe Geführtwerden,
Verloren- und Gefundensein.
Kreuz und Auferstehung.

Ein tiefes Berührtsein innen drin,
das sich wie Gott anfühlt.

Ich glaube an eine kommende Welt, auf die alles zuläuft,
wo sonst sämtliche Kräfte auseinanderdriften.

Wenn alles fällt, dann hält sie, wie ein Torbogen.
Die kommende wächst sich in diese Welt hinein,
ist geboren, wie eine Idee, nicht mehr aufzuhalten.
Sie durchdringt alles, stürzt die Verhältnisse,
unterwandert die Gewohnheiten, verwandelt uns.

Ich glaube, nichts und niemand bleibt davon unberührt.

Hannes Leitlein

Das ist ein Test,
denn wie press
ich etwas in Sätze,
das sich eigentlich
nicht beschreiben lässt.
Denjenigen, der mich
überhaupt atmen lässt.
Darum ist jeder Text, den ich spreche
ein Manifest seiner Gnade,
seiner Güte.
Schöpfer des Lebens, Erfinder von
Planeten,
und lädt trotzdem jeden ein,
vor seinen Thron zu treten.
Hab mich gefragt, warum dieser
König so verschwenderisch liebt,
vielleicht, weil es in seiner Lotterie
nur Bedingungslose gibt.
Könnt ich fliegen zu den
entferntesten Galaxien,
durch Wurmlöcher, Zeitreisen
oder sonst irgendwie,
könnt ich trotzdem nicht fliehen
vor seiner Liebe,
und er, er ist allmächtig und heilig,
ich steh hier verzweifelt, versuch ihn
zu ergründen,
doch der Verstand von mir
reicht nicht,
Fehlende Weitsicht, weil der Mensch
so verpeilt ist,
gefallen seit Adam
und die Dreckswunde heilt nicht.
Es ist immer das Gleiche:
Ich versuch es alleine. Riesige Pläne,
doch krieg es nicht auf die Reihe.
Hohle Idole, die ich preise und lobe,
goldene Kälber,
um die ich tanze und tobe.
Liebesbeweise fatal verwechselt
mit Verboten.
Unschuld gestohlen durch Rebellion
und verhohlen,
doch das Rettungsboot seines Sohnes
kam mich zu holen.
er, er macht alles neu.
Und ich gehör zu ihm mit
Haut und Haar,
trag seine DNA,
was für ein krasser Tag.
Denn er hat mich nicht länger Feind,
Rebell, nicht mal Diener,
sondern seinen Freund, sein Kind und
einen König und Priester genannt.

MARCO MICHALZIK

KURZPORTRÄT

Dieses Gedicht von Marco Michalzik fällt im Booklet vom Album der *Könige & Priester* auf. Es klingt wie ein Glaubensbekenntnis, unkonventionell, authentisch, wie geschaffen für dieses Buch. Wenn man sich unter jungen christlichen Musikern umhört, fällt Marcos Name schnell. Er beeindruckt durch sein eigenes Format, seine Art, Wort und Ton zu verknüpfen. Es passt gut zu den momentan beliebten Veranstaltungsorten – Wohnzimmer und kleine Buchläden. Er stammt aus Darmstadt und ist seit einigen Jahren als Poetry Slammer, Rapper und Songwriter unterwegs. „Heute ist morgen schon gestern", featuring Pala Friesen, erschien 2016.

Danke!

Im Neukirchener Verlag ist schon 2014 die Idee zu diesem Buch entstanden und hat bei uns einen Nerv getroffen. Wir sind von dieser Seite engagiert und kritisch, ermutigend und konstruktiv begleitet worden. Christoph Siepermann und Ruth Atkinson danken wir besonders.

Danke Anja Schäfer für Geduld und Stilsicherheit im Lektorat; Steffi Kunze für ihren Sucherblick; Claudia Währisch-Oblau von der VEM für ihren Ansporn von Anfang an; Christina Brudereck und Fulbert Steffensky für ihr gesprächiges Nachdenken über uns und sich selbst; unseren Gesprächspartnerinnen und Gesprächspartnern für Offenheit und den Mut, ihren Glauben zu teilen; unseren Umfrageteilnehmern für ihre bunten Antworten; den Gemeinschaften für ihre Ideen und ihr Engagement und die Offenheit, davon zu erzählen; den Musikerinnen und Musikern für ihre Worte.

Kontakte und Tipps verdanken wir unter anderem: Maria Hermann, Friedemann Holmer, Corinna Schubert, Anja Granitza, Jelena Herder und David Reißmann.

Danke Lisa und Sven <3

Quellen und ähnliche Projekte

- Vom Greifswalder Institut zur Erforschung von Evangelisation und Gemeindeentwicklung haben wir viele Impulse für die Gemeinde von morgen bekommen. Besonders knackig von Robert Warren und seinem Buch „Vitale Gemeinde. Ein Handbuch für die Gemeindeentwicklung", erschienen in der Neukirchener Verlagsgesellschaft 2013, und in der Studie „Wie finden Erwachsene zum Glauben?", erschienen 2010 im selben Verlag.
- Die Vermächtnisstudie der ZEIT aus dem Jahr 2015 und die entsprechenden Artikel dazu haben uns sehr beschäftigt, nachzulesen unter www.zeit.de/serie/das-vermaechtnis.
- Christiane Miethge hat online ganz offen in die Gesellschaft hineingefragt, was die Leute so glauben. In ihrem Buch „Mit ohne Gott?" veröffentlicht sie „Sieben Einsichten, woran man alles glauben kann" und eine Menge bewegender Glaubensäußerungen sehr unterschiedlicher Art.
- „Warum ich nicht mehr glaube. Wenn junge Erwachsene ihren Glauben verlieren" erzählt aufrüttelnd von denen, die Kirche und Gemeinde hinter sich gelassen haben, und von ihren Gründen – eine Studie von Tobias Faix, Martin Hofmann und Tobias Künkler, erschienen 2014 bei SCM R. Brockhaus.

- Unser Buch schließt sich – zwar nicht als Studie und mit anderer Fragestellung – inhaltlich an die dran-Studie 19+ an, die 2009 als dran-Special erschienen ist, und in der das Verhältnis von jungen Christen (den damals 19–29-Jährigen) zu ihren Gemeinden untersucht wurde.
- Worum es global für uns geht und wie sich unsere Generation engagiert, erzählt Daniel Bosse in seinem Buch: „Wir sind jung und brauchen die Welt. Wie die Generation Facebook den Planeten rettet."
- Weitere Vergleichsdaten boten uns die Kirchenmitgliedschaftsuntersuchung der EKD: „Engagement und Indifferenz. Kirchenmitgliedschaft als soziale Praxis" von 2014 und der „Religionsmonitor 2014" der Bertelsmann-Stiftung.